Sandra Willmeroth / Fredy Hämmerli

Exgüsi

Sandra Willmeroth / Fredy Hämmerli

Exgüsi

**Ein Knigge für Deutsche
und Schweizer zur Vermeidung
grober Missverständnisse**

orell füssli Verlag AG

3. Auflage 2009

Umschlaggestaltung: Andreas Zollinger, Zürich
Druck: fgb. freiburger graphische betriebe, Freiburg

ISBN 978-3-280-05353-9

Bibliografische Information der Deutschen Nationalbibliothek: Die Deutsche Nationalbibliothek verzeichnet diese Publikation in der Deutschen Nationalbibliografie;
detaillierte bibliografische Daten sind im Internet abrufbar über http://dnb.d-nb.de

Inhaltsverzeichnis

Einleitung

Exgüsi, aber der Deutsche merkt leider oft gar nicht, wenn er dem Schweizer auf der sensiblen Volksseele herumtrampelt. Nicht aus Böswilligkeit, nein, schlicht aus Unkenntnis fügt er dem Schweizer mit Aussagen wie «Die Schweiz ist so ein putziges Land, ordentlich, sauber und so schön klein und überschaubar» herbes innerliches Leid zu. Da es dem zur Neutralität geneigten Naturell der Schweizer aber so gar nicht entspricht, diesen Deutschen, der da gerade auf ihm rumtrampelt, sogleich wegzuschubsen, umgehend empört anzuschreien oder laut zu fluchen, hält er zähneknirschend still und schimpft höchstens innerlich über diese Deutschen, die so rücksichtslos sind. Dabei sind sie in den allermeisten Fällen doch nur ahnungslos!

Diese Un- in Erkenntnis zu wandeln und letztlich zum besseren Wohlbefinden bei deutschen und schweizerischen Beteiligten beizutragen, dazu dient dieses Buch. Es soll den Deutschen, die in den letzten Jahren scharenweise in die Schweiz gezogen sind, dabei helfen sich anzupassen, statt überall anzuecken. Aber auch den Schweizern, die mit den neuen Einwohnern privat oder beruflich zu tun haben, könnte bei der Lektüre das eine oder andere Licht aufgehen. Es könnte sich klären, warum die Deutschen nicht immer auf Anhieb in die engmaschigen eidgenössischen Verhaltensmuster passen.

Wer als Deutsche oder Deutscher in der Schweiz auf engagierte Beiträge zum Tischgespräch Schweigen erntet oder von der Verkäuferin, die eben noch einen anderen Kunden wortreich und überaus freundlich verabschiedet hat, wortlos das verlangte Brot auf den Verkaufstresen geknallt bekommt, sollte sich nicht nur wundern, sondern einmal fragen, was hier falsch gelaufen sein könnte (auch wenn Selbstkritik nicht unbedingt eine deutsche Königsdisziplin ist). Wer als Schweizerin oder Schweizer staunend vor lauten, dreisten und fordernden Deutschen steht und lieber die Flucht ergreift als Maßnahmen zur Gegenwehr, darf sich nicht wundern, wenn das Gegenüber keinen inneren und äußeren kulturellen Anpassungsprozess startet, sondern unbekümmert weiter drauflos wütet.

Weder Schweizer noch Deutsche werden hier für ihr Sein oder Tun an den Pranger gestellt, sondern zu (mehr oder weniger) unschuldigen «Opfern» ihrer weit reichenden und tief greifenden, regionalen, religiösen und staatsgeschichtlich geprägten Mentalität erklärt. Wie diese Unterschiede im alltäglichen Zusammentreffen zu kleinen bis großen, lustigen bis schmerzhaften Missverständnissen führen, zeigt das erste Kapitel auf. Beide Autoren können hier aufgrund ihrer eigenen – zum Teil gemeinsamen – Erfahrungen aus dem Vollen schöpfen: Anhand typischer Szenen werden die verblüffend unterschiedlichen Verhaltensweisen von Deutschen und Eidgenossen erklärt. Spätestens hier wird vielen Einwanderern aus dem nördlichen Nachbarland klar, was sie immer schon falsch gemacht haben. Spätestens hier geht vielen Leserinnen und Lesern ein Licht bezüglich ihrer Eigenarten auf. Und sie verstehen schlagartig, warum diese Eigenheiten das Verhältnis der Angehörigen beider Länder so verkomplizieren. Spätestens hier erkennen viele Schweizerinnen und Schweizer, dass sie ganz anders an die kleinen und großen Herausforderungen des Alltags herangehen als ihre nördlichen Nachbarn.

Im zweiten Kapitel begeben sich die Autoren auf die Suche nach Erklärungen für diese ungeahnten Kulturunterschiede. Es scheint, als spiele die Staatsform, die den einst geeinten Stamm der Germanen heute trennt, eine große Rolle im Selbstverständnis und in der sozialen Grundhaltung beider Völker. Die Erklärungssuche des zweiten Kapitels beginnt daher mit einer kleinen, rudimentären Staats- und Geschichtskunde – als Brutstätte für die noch heute aktuellen Mentalitäts- und Wahrnehmungsunterschiede und die wechselseitig gehegten Vorurteile. Da diese Klischees hier aber nicht nur gepflegt, sondern erklärt, überhöht und damit hoffentlich auch ad absurdum geführt werden, widmet sich der Hauptteil des zweiten Kapitels all dem, was man sich über die Angehörigen des jeweils anderen Staates ganz allgemein erzählt, was man insgeheim von ihnen denkt und welches Auftreten man von ihnen intuitiv erwartet.

Da jedoch selten etwas so einfach ist, wie es auf den ersten Blick scheint, beschäftigt sich das dritte Kapitel mit den feinen Details. Genauso wie der Schweizer legt auch der Deutsche in Zeiten der galoppierenden Globalisierung und innereuropäisch faktisch verschwundener Grenzen einen – womöglich übersteigerten – Wert auf seine regionale Herkunft. Und die hat es in sich. Sie bringt ungeahnt viele, besonders eigenartige Verhaltensweisen mit sich. So werden im dritten Kapitel die regionalen Unterschiede beider Länder mit (über-)spitz(t)er Feder beschrieben. Es wird aufgezeigt, warum der Zürcher nun mal so ganz anders ist als der Basler und warum ein Rheinländer mit einem Norddeutschen partout nicht in einen Topf passt, geschweige denn mit einem Innerschweizer!

Alle kriegen dabei ihr Fett weg – versprochen! Deutsche und Schweizer sollen über sich selbst ebenso lachen wie über «die anderen». Und sie sollten interkulturelle Zusammentreffen nicht bierernst, sondern endlich einmal leicht nehmen. Da sich die Deutschen in der Schweiz auf den Ruf der schweizerischen Wirtschaft hin, wegen der Liebe oder des Fernwehs nun einmal eingenistet haben, ist es an der Zeit, die ganze

Sache mit mehr Humor anzugehen – alles andere hilft nicht und verdirbt nur die Laune. Daher ist dieses Buch als «Plädoyer für ein Miteinander mit mehr Augenzwinkern» gedacht.

Fakten zur «Neusten Deutschen Welle»

Kaum ein Deutscher, der die Schweiz als neuen Wohn- und Arbeitsort erkoren hat und sich voller Vorfreude und ohne jegliche Vorahnung hier niederlässt, weiß, dass er schon rein statistisch für die Schweizer ein wachsendes Übel ist. Und er ahnt mit Sicherheit nicht, dass die Schweiz zu den europäischen Ländern gehört, in denen im Verhältnis zur Bevölkerungszahl bereits am meisten Ausländer wohnen.

Er weiß wohl ebenso wenig, dass er dazu beiträgt, dass die Deutschen den Italienern in der Schweiz allmählich den Rang ablaufen. Die meisten der hier lebenden Ausländer kommen zwar nach wie vor aus dem südlichen Italien (290 087 Personen), aber die Deutschen holen rasant auf. Gemäß den Zahlen des Bundesamtes für Migration hat sich die jährliche Zahl der Einwanderer aus Deutschland seit dem Inkrafttreten des Freizügigkeitsabkommens mit der EU fast verdreifacht und stieg von 14 100 im Jahr 2001 auf 40 900 im Jahr 2007, jedoch hat sich die jährliche Zuwanderung aufgrund der wirtschaftlichen Lage deutlich abgeschwächt: Von April 2008 bis April 2009 verzeichnen die Bundesämter lediglich einen Zuwachs von 25 218 Deutschen. Insgesamt siedeln per Ende April 2009 damit 239 722 Menschen aus dem nördlichen Nachbarstaat in der Schweiz, das entspricht in etwa der gesamten Wohnbevölkerung der Städte Bern und Lausanne.

Bei der Zuwanderung ist es aber keinesfalls so, dass Deutsche einfach mal in die Schweiz ziehen, weil das so ein tolles Land ist und man dort viel bessere Verdienstchancen hat – nein, auf gut Glück verlassen nur wenige ihre Heimat. Es ist vielmehr so, dass Schweizer Firmen ganz bewusst in Deutschland zuhauf Mitarbeiter und Mitarbeiterinnen anwerben. Die Zürcher und Luzerner Verkehrsbetriebe, viele Institutionen im Gesundheitswesen oder Großbetriebe wie die UBS, Alstom, Siemens, ABB oder SR-Technics – sie alle schalten zwischen Hamburg und München verlockende Stellenanzeigen. Oder sie beauftragen entsprechend spezialisierte Personalbüros mit der Suche nach den begehrten deutschen Mechanikern, Monteuren, Schreinern, Maurern, Konstrukteuren, Technikern, Ingenieuren, Krankenpflegerinnen, Ärzten, Personalberatern, Tramfahrern, Verlagsmenschen und Managern, um sie zum Umzug in die Schweiz zu bewegen. Und erst wenn die Bewerberinnen und Bewerber das Auswahlverfahren bestanden haben, in den Vorstellungsgesprächen fachlich überzeugen konnten (nicht nur deshalb, weil sie so gut Hochdeutsch sprechen!) und einen Arbeitsvertrag in der Tasche haben, packen sie ihre Siebensachen und übersiedeln in das Land, in dem angeblich Milch und Honig fließen.

Sprachlich bedingt bevorzugen diese «Neuzuzüger», wie man sie in der Schweiz nennt, natürlich die Deutschschweiz, insbesondere den grenznahen und wirtschaftsstarken Kanton Zürich. Schlendert man durch die gleichnamige Stadt an der Limmat, hört man viele Sprachen – von Japanisch bis Französisch, von Russisch bis Portugiesisch, von Tamil bis Albanisch –, wie sich das für eine Stadt, die gern Weltstadt sein möchte, gehört. Doch immer öfter hört man seit einigen Jahren Deutsch – und zwar in allen Facetten, von Sächsisch bis Plattdeutsch – und dazwischen immer seltener Schweizerdeutsch. Ende 2008 stellten die Deutschen mit 27 870 Personen oder 23,6 Prozent die größte in der Stadt Zürich lebende ausländische Bevölkerungsgruppe.

Eine Schmerzgrenze war für die Zürcher bereits erreicht, als sie im Sommer 2007 von der neuen Moderatorin eines privaten Radiosenders in astreinem Hochdeutsch begrüßt

wurden. Oder als im Tram (= Straßenbahn) eine hochdeutsche Stimme dazu aufforderte, alle Billets (= Fahrausweise)
vorzuweisen. Dass einem im Restaurant das Essen von einer
Ostdeutschen serviert und im Krankenhaus der Verband von
einer Berlinerin gewechselt wird, während der Chirurg aus
Köln stammt und der Professor aus Hamburg, dass die größten Industrieunternehmen der Leitung eines Hessen unter-
stehen oder in der Hand eines Westfalen liegen – an all dies
hatte man sich ja schon gewöhnen müssen. Doch dass man
die Billetkontrolle von einer Deutschen über sich ergehen
lassen musste, das war dann doch zu viel und trat eine öffent-
liche Welle der Empörung los.

   «Wie viel Deutsche verträgt die Schweiz?», titelte der
Blick (das schweizerische Pendant zur deutschen *Bild-Zeitung*) am 19.02.2007 als Auftakt zu einer Serie über die «In-
vasion» aus dem Norden: «Hochdeutsch sprechen, damit
Sie in Zürich ein Bier bestellen können? Auf den Straßen
meist nur schwarz-rot-goldene Fahnen nach einem Fußball-
Match? Wenn Sie davon die Schnauze voll haben, sind Sie
hier am richtigen Ort», lautete die Einleitung zum ersten
Artikel einer regelrechten Hetzkampagne des Boulevard-
blattes. Sie endete mit einem Beitrag unter der Überschrift
«Machen Deutsche aus der Schweiz ein zweites Mallorca?».
Dass einige Zeit später einige «Vorzeigedeutsche» im *Blick*
zu Wort kamen und sagen durften, wie toll sie Land und
Leute finden, wie froh sie seien, in der Schweiz zu leben,
und wie schrecklich sich aber auch manche Deutsche in der
Schweiz benähmen, konnte auch nichts mehr an der gezün-
deten Stimmung ändern. Den *Blick*-Chefredakteur Werner
De Schepper kostete diese Kampagne vermutlich seinen
Posten. Jedenfalls kursierten bei seinem Rücktritt einen
Monat später Gerüchte, dass der ausgediente deutsche Bun-
deskanzler Gerhard Schröder, offizieller Berater des *Blick*-
Verlegers Michael Ringier, durch die Berichterstattung des

15

Ringier-Hausblattes gelinde gesagt unangenehm berührt gewesen sei …

Diese unrühmliche Erfahrung hielt den Zürcher *Tages-Anzeiger* im Jahr darauf nicht davon ab, ins gleiche Horn zu stoßen. Zum Jahresende 2008 verfiel die – eigentlich linksliberale (und notabene vom deutschen Zeitungsverleger Wilhelm Girardet 1893 mitbegründete) – Tageszeitung, der Verlockung des Deutschen-Bashing. Der *Tages-Anzeiger* brachte Schlagzeilen wie «Wie viele Deutsche erträgt Zürich?» (3.12.2008), «Die vielen Deutschen und wir» (29.11.2008) (Im Text heißt es: «Das Unbehagen über die deutsche Invasion ist echt») oder «Der Zustrom von Deutschen beschleunigt sich massiv» (20.11.2008) bis hin zu «Deutsche schnappen uns die Frauen weg» (7.12.2008).

Ein vorläufiger Höhepunkt war im November 2008 mit einem Artikel im *SonntagsBlick* erreicht, der unterstellte, dass die «RAV-gierigen Deutschen» in den gerade angebrochenen wirtschaftlich schwierigeren Zeiten die Sozialwerke der Schweiz plünderten. Vor allem die Arbeitslosenversicherung (die über die Regionalen Arbeitsvermittlungszentren [RAV] verwaltet wird) sei betroffen: «Die Schweiz ist das Schlaraffenland der Deutschen. Wenn sie erst mal hier sind, wollen sie nie mehr weg. Erst recht nicht, wenn sie arbeitslos werden.» Die Realität sollte den *SonntagsBlick* kurz darauf Lügen strafen. Der konjunkturelle Abschwung wirkte sich 2008/09 unmittelbar auf die Zuwanderungszahlen aus. Im 1. Quartal 2009 kamen 60 % weniger Deutsche in den Kanton Zürich als im 1. Quartal 2008.

Deutschland adé

Eigentlich kann man es Deutschen aber nicht verdenken, wenn sie in die Schweiz übersiedeln. In Deutschland läuft vieles falsch. Gemäss einer im Mai 2009 publizierten Studie der OECD nimmt Deutschland bei der Steuer- und Abga-

benlast im internationalen Vergleich weiterhin einen Spitzen-
platz ein: Zwar ist die Abgabenlast für Verheiratete und
Haushalte mit Kindern in den letzten Jahren gesunken und
liegt heute je nach Einkommen zum Teil weit unter 40 Prozent, aber allein stehende Arbeitnehmer mit wenig oder
durchschnittlichem Einkommen belastet der Staat mit bis zu
52 Prozent Einkommenssteuer und Abgaben. Hierzulande
bleiben einem durchschnittlich verdienenden Single von 100
Franken Einkommen nach Abzug von Steuern und Sozial-
beiträgen 70,5 Franken übrig.

Statt bessere Rahmenbedingungen für seine Bürgerinnen
und Bürger zu schaffen, sieht der deutsche Staat mehr oder
weniger tatenlos zu, wie junge und motivierte Leistungsträ-
ger in Scharen das Land verlassen. Das bevorzugte Zielland
ist seit 2007 die Schweiz, dicht gefolgt von den USA.

Nach Deutschland strömen stattdessen Menschen aus
meist ärmeren Ländern, für die Deutschland noch immer ein
Paradies ist. Das ist es nicht mehr für die, die mehr wollen,
als 50 Prozent ihres Einkommens in die perforierten Staats-
taschen zu zahlen. Man hätte es merken müssen, als der da-
malige Bundeskanzler Gerhard Schröder im Jahr 2000 die
Green Card für IT-Fachleute einführte und damit 20'000
Computerfachleute – vor allem aus Indien – nach Deutschland locken wollte. Er war mächtig stolz auf diese nach ame-
rikanischem Vorbild gesteuerte qualifizierte Zuwanderungs-
regelung, die für Deutschland absolutes Neuland war. Es
hätte ihn und eine Menge anderer Menschen etwas mehr
wundern sollen, warum kaum ein indischer Software-Profi
die deutsche Green Card wollte. Die Inder sind eben auch
nicht blöd und gehen – wenn überhaupt – lieber in die USA.

Opfer des eigenen Erfolgsmodells
So ziehen die Völker im globalisierten Zeitalter erneut rund
um den Globus. Die gut ausgebildeten dorthin, wo man

ihre Arbeit und ihren Beitrag zum Gemeinwesen schätzt (und wo man sie nicht schröpft), die Armen in die Wohlstandsländer, die ganz Armen in die Ballungsräume der armen Länder.

Da scheint es auf den ersten Blick ein Nachteil, dass die Schweiz ein so modernes, selbstbestimmtes Land ist, das seine Bürgerinnen und Bürger ernst nimmt und in Sachen Wohlstand und Lebensstandard im internationalen Ranking ganz vorne mitspielt. Erfolg macht eben sexy.

Auf den zweiten Blick bedingen beide Faktoren einander. Ohne ausländische Arbeitskräfte hätte die kleine Schweiz nie ein so hohes Wohlstandsniveau erreichen können. Mit einem Bruttoinlandsprodukt von 49 367 US-Dollar pro Kopf der Bevölkerung liegt die Schweiz im internationalen Vergleich auf Rang 3. Ein jeder Schweizer bzw. eine jede Schweizerin hat statistisch gesehen ein Vermögen von 171 000 Franken, was laut den Zahlen der schweizerischen Nationalbank per Ende 2007 einem gesamten Nettofinanzvermögen von 1 300 Milliarden Franken entspricht. Auf Schweizer Bankkonten schlummerten Ende 2008 – der tobenden Finanzkrise zum trotz – mehr als 4000 Billionen Franken aus aller Herren Länder.

Die Deutschen – und natürlich die Zuwanderer aus anderen Ländern – sind das notwendige Übel, das die Schweiz für den Erhalt ihres Wohlstands braucht. So betont das Bundesamt für Migration immer wieder, dass «unser Land im Interesse einer wachsenden Wirtschaft auch zukünftig auf ausländische Arbeitskräfte angewiesen ist» (Migrationsbericht 2007). Ein Grund mehr, das komplizierte – um nicht zu sagen schizophrene – Verhältnis zwischen Deutschen und Schweizern hier näher zu untersuchen.

Neue Deutsche Welle

Dass die Schweiz ohne Ausländer insgesamt und ohne die Deutschen im Besonderen nicht sein kann, weiß eigentlich jeder Mensch in der Schweiz, der es hören will. Die Schweizer wünschen sich die «Neue Deutsche Welle», die über die Schweiz rollt, eigentlich ja auch nur ein bisschen zurückhaltender, eher so ein bisschen wie «Herr und Frau Schüüch» – eben so schüchtern und zurückhaltend, wie sich die Schweizer selbst fühlen und verhalten.

«Ihr habt einen andern Geist als wir», sagte schon Martin Luther zu Ulrich Zwingli. Daran hat sich in den letzten 500 Jahren kaum etwas geändert – zumindest in der Wahrnehmung der meisten Deutschen und Schweizer. Sie fühlen sich nicht nur sprachlich nah und dennoch fern voneinander. Auch wenn sie immer enger aufeinander treffen, denn: Die Deutschen sind inzwischen zwar die größte Einwanderergruppe in der Schweiz. Doch anders als Italiener, Spanier, Portugiesen, Serben und Kosovaren, die in der Schweiz bisher die größten Ausländerkontingente stellten, kommen sie nicht als Hilfsarbeiter oder Putzhilfen. Sie sind gut ausgebildet, verfügen häufiger über einen Hochschulabschluss als die Schweizer und besetzen Kaderstellen im Gesundheitswesen, an Universitäten, im Medienbereich, in Beratungsunternehmen, Banken und Industriefirmen. Da reibt sich manch braver Eidgenosse schnell einmal die Augen.

Eine gewisse Skepsis gegenüber ihren nördlichen Nachbarn können viele Schweizer daher nicht verhehlen. Das hat einerseits mit der Geschichte, insbesondere mit dem Zweiten Weltkrieg zu tun, auch wenn die wenigsten Leute, die heute schalten und walten, diese Zeit noch selbst erlebt haben. Andererseits hat es aber auch mit dem geradezu lieb gewonnen Vorurteil vom schnoddrigen, arroganten Deutschen zu tun – das manchmal einen Kern Wahrheit in sich birgt. Ferien, pardon: Urlaub in einer deutschen Hochburg ist oft Beweis genug – egal ob sie nun Davos, Ascona oder Mallorca heißt (dass sich die Schweizer in Laax, La Spezia oder auf Ibiza kaum besser benehmen, sei hier nur am Rande vermerkt).

Es gibt sehr viele dieser lieb gewonnenen Vorurteile über Deutsche und über Schweizer. Beide Seiten hegen und pflegen sie schon seit Jahrzehnten, doch nun, angesichts des deutschen Zustroms, erleben sie eine wahre Blütezeit. Und es dauert bei jeder Begegnung von Schweizern und Deutschen nicht lange, bis sich all die hübschen Vorurteile bestätigen.

Kapitel 1

Begegnungen –
und Missverständnisse

Beim Einkaufen

Eine oft geäußerte Beschwerde über das unverschämte Auftreten deutscher Zuwanderer wurzelt in der unglücklichen Formulierung vieler Deutscher: «Ich kriege …» (ein Brot, eine Zeitung usw.). Während diese Aussage für den Deutschen schlicht und einfach die simple Artikulation eines Grundbedürfnisses (z.B. Hunger) im Gütertausch darstellt, zeigt der empfindsame Schweizer bei diesem Spruch spontane physische Gegenreaktionen (Hitzewallungen, Schweißausbruch, Nackenhaarsträubung, Kurzatmigkeit) und denkt so etwas wie: «Und ich kriege gleich zu viel. So eine Unverschämtheit!»

Kein Schweizer würde je in der Öffentlichkeit seine Bedürfnisse so direkt und fordernd ausdrücken. Hingegen hat der Deutsche in seiner Sozialisation nie gelernt, seine Bedürfnisse hintanzustellen, also will er, und nicht nur vielleicht! (Siehe auch S. 101 f., «Die Deutschen sind … großschnäuzig».) Der Schweizer hingegen formuliert seine Bedürfnisse – wenn überhaupt – höchstens im Konjunktiv: «Ich hätte gern», «Ich würde gern», usw. (Siehe auch S. 117, «Der Schweizer Bedürfnis-Konjunktiv».)

Ohne dass ihn jemand darauf hinweist, dass diese für Deutsche ganz normale Ausdrucksweise in der Schweiz viel zu dominant rüberkommt, wird der Deutsche niemals oder viel zu spät realisieren, warum die Verkäuferin ihm so pampig das verlangte Gut hinknallt. Im Gegenteil, das könnte ihn seinerseits sogar dazu veranlassen, die Verkäuferin spontan als unhöfliche Person einzustufen! (Siehe auch S. 100, «Die Deutschen sind … ignorant».)

Vor allem temporäre Besucher der Limmat-, Lampen- oder Bärenstadt sind dann vielleicht nach ihrer Rückkehr nach Pinneberg, Castrop-Rauxel, Buxtehude oder Annaberg-Buchholz angesichts des in Deutschland vorherrschenden Bildes des höflichen Schweizers vom Gegenteil überzeugt. Und von dieser Überzeugung ist die betreffende deutsche Landbevölkerung dann auch nicht mehr so schnell abzubringen – nein, sie wird in Sachen helvetische Höflichkeit nicht mehr so schnell mit Vorschusslorbeeren zur Hand sein. Und das alles nur, weil man sich unwissentlich grundfalsch ausgedrückt hat.

Beispiel Bäckerei

In der Bäckerei, Sonntagmorgen, 9.09 Uhr, acht Leute stehen vor einem, man ist hungrig, hat noch keinen Kaffee genossen, die Sonne scheint, der Garten wartet. Endlich ist man an der Reihe, das weiß man ganz genau, weil man die Reihenfolge, nach der die wartenden Kunden bedient wurden, während der vergangenen Minuten aufmerksam verfolgt hat.

«Wär isch der nöchschti?»

Jetzt nicht «ich» brüllen, sondern höflich nach rechts und links schauen, die zustimmende Geste der geduldig wartenden Mitmenschen abwarten, die signalisiert:

«Sie sind dran»,

die Verkäufern ansehen und leicht nickend

«Ich dann wohl» antworten.
«Grüezi, was dörf's denn sii?»

Jetzt auf gar keinen Fall so etwas wie «Ich kriege» oder «Ich bekomme» sagen oder einfach «fünf Brötchen» fordern, sondern mithilfe des Schweizer Bedürfnis-Konjunktivs mit gedämpfter Stimme anmelden:

«Ich hätte gern …»

Und jetzt bloß nicht die ganze Einkaufsliste (zwei Semmeln, zwei Gipfeli und ein St. Galler Halbweißbrot) herunterspulen, sondern bitte einen Posten nach dem anderen nennen:

«… zwei Semmeln …»

Die Verkäuferin packt zwei Semmeln in eine kleine Tüte.

«Dörf's suscht no öppis sii?»
«Gerne noch zwei Gipfeli.»
«Butter-, Laugen- oder Vollkorngipfel?»
«Buttergipfel bitte.»

Verkäuferin packt zwei Gipfeli in eine zweite kleine Tüte oder fragt, ob sie beides zusammen in eine große packen darf.

«Wünschet Sie suscht no öppis?»
«Ja, bitte noch ein St. Galler Halbweißbrot.»
«Gärn»,

antwortet die Verkäuferin, wickelt das Brot ein und legt es neben die anderen Bestellungen.

«Chunnt no öppis dezue?»
«Ja, gerne noch die Zeitung. Das war's dann.»

Damit beenden Sie die Bestellung, aber Vorsicht, noch lange nicht das Ritual: Die Kassiererin tippt die Summe ein.

«12 Franken 80 de gärn»

Geld wechselt den Besitzer, und prompt folgt die Frage:

«*Goht das so oder bruchet Sie en Sack?*»,

womit eine Einkaufstüte gemeint ist. Wenn Sie eine brauchen, wird Ihnen die Ware kostenlos und sehr behutsam darin eingepackt und über den Tresen gereicht. Jetzt folgt das Finale:

«*Merci velmol*»,

dankt die Verkäuferin.

«*Merci vielmal*»,

entgegnen Sie.

«*Und no en schöne Sunntig*»,

wünscht sie Ihnen.

«*Merci, Ihnen auch*»,

lautet die korrekte Antwort.

Beschenkt mit einem kostenlosen Lächeln wird man sich an Sie in dieser Bäckerei als eine freundliche Deutsche erinnern.

Zur Erklärung für die Schweizer Leserinnen und Leser, warum diese Szene hier überhaupt so viel Raum einnimmt, nun der gleiche Hergang in einer deutschen Bäckerei (an einem Samstag, weil am Sonntag nur noch die wenigsten Bäckereien öffnen, sondern stattdessen ihre halbfertigen Aufbackbrötchen an Tankstellen liefern, die diese dann in drei bis vier Minuten fertig backen und dafür mit einem Aufschlag von 50 Prozent verkaufen) – und dieser Dialog ist keinesfalls in einem unfreundlichen Ton gehalten.

«*Wer ist der Nächste?*»

«Ich.» (Die Frau neben mir hat gepennt). Ich krieg zwei Brötchen, zwei Hörnchen und ein Mischbrot. Und die Zeitung.»

Die Verkäuferin nickt stumm, dreht sich um, sucht die Waren zusammen und packt alles zusammen in eine Papiertüte. Die Zeitung darf ich mir selbst nehmen, das heißt, ich halte sie schon in der Hand und lese bereits die Schlagzeilen, während die Verkäuferin die Summe zusammentippt.

«7 Euro 10.»

Geld und Ware wechseln die Besitzer.

«Bitte.»
«Danke.»
«Tschüss!»
«Tschüss!»

Die unterschiedlichen Rituale des Gebens und Nehmens ziehen sich wie ein roter Faden durch den Alltag der Teutonen in Helvetien. Ob Bäckerei, Autowerkstatt, Zugauskunft, Hausarzt, Coiffeur, Bekleidungsgeschäft, Drogerie, Restaurant oder Kneipe (= Bar). Ja, sogar am helvetischen Tresen sind Zurückhaltung und Höflichkeit deutlich mehr gefragt als in allen Teilen Deutschlands. Denn wer dem Wächter der Zapfhähne hinter der Theke ein simples

«He! Ick krieg'n Bier!»

zuruft, muss froh sein, wenn es ihm – selbstverständlich versehentlich und unter vielfacher Bitte um Verzeihung – bloß über die Hose statt ins Gesicht geschüttet wird.

«Ich hätte gern ein Bier» ist die Standardfloskel, die selbst zu den Stoßzeiten im Feierabendgetümmel (= Apéro) um diverse Anschlussfragen des Gastwirtes nach der Art und der

Größe des Biers erweitert wird, bis das Gebräu endlich vor dem durstigen Gast steht.

Beispiel Warteschlange

Spontane Solidarisierung unter Fremden ist in Deutschland nicht gerade unüblich. Vor allem dann nicht, wenn man in der Defensive ist. Also wenn man beispielsweise gemeinsam in der Schlange an der Kasse steht und wartet, während vorne eine ältere Dame mit einer Kassiererin gegen die Tücken des modernen, bargeldlosen Zahlungsverkehrs kämpft. Es hilft in der Schweiz aber wirklich rein gar nichts, in solchen Situationen zu drängeln oder sein begrenztes Zeitbudget der Mittagspause irgendwie mit einem genervten Blick auf die Armbanduhr (hoffentlich ein Schweizer Produkt, siehe auch S. 124ff.,«Die Schweizer sind … neurotisch») zum Ausdruck zu bringen. Auf diesem Ohr sind die Schweizer taub und auf diesem Auge blind.

Noch viel weniger bringt es aber, mitleidigen Zuspruch von den anderen Wartenden zu erwarten. Aus deutschen Landen sind es Konsumentinnen und Bürger ebenso gewohnt, Schlange zu stehen. Aber sie vertreiben sich dann gerne die Zeit und regen sich beispielsweise gemeinsam über die sinnlose Zeitverschwendung auf (siehe auch S. 136ff., «Die Schwaben») oder machen sich auch schon mal gerne über unhaltbare Zustände lustig (siehe auch S. 131ff., «Die Rheinländer» und S. 156ff., «Die Berliner»).

Wenden Sie sich aber in der Schweiz in einer Warteschlange an die Person, die sich hinter Ihnen die Beine in den Bauch steht und äußern so etwas wie

> *«Meine Güte, ob man den beiden Damen da vorne irgendwie helfen sollte, damit wir auch noch vor Feierabend drankommen?»*,

wird diese Person im besten Falle mitleidig die Mundwinkel verziehen und ein ganz leichtes Nicken andeuten, bevor sie den Kopf schnell in eine andere Richtung dreht.

Oder sollten Sie den anderen Wartenden in einer Apotheke vorschlagen, man könne sich ja im Café gegenüber erkundigen, ob man sich ein paar Stühle leihen dürfe, während eine ältere Dame ein 20-minütiges Fachgespräch über die Nebenwirkungen des Blutdruck senkenden Mittels führt, erwarten Sie keinen Beifall! Sie werden noch nicht mal einen winzigen Lacher auf Ihrer Seite haben, sondern nur peinlich berührte Menschen um sich herum, die gar nicht mehr wissen, in welche Ecke des Raumes sie ihre beschämten Blicke richten sollen.

Alle Schweizer, die je einmal in Deutschland in einer Schlange warten sollten, seien darauf vorbereitet, dass sie dort von fremden Menschen verbal aufgefordert werden, sich laut über diesen unnötigen Missstand des Wartens auszulassen (siehe auch S. 106ff., «Die Deutschen sind … destruktiv»). Der Deutsche erwartet dann ihre uneingeschränkte Unterstützung. Da sollten Sie als Schweizer Ihren Hang zum höflichen Kompromiss (siehe auch S. 112ff., «Die Schweizer sind … konsenssüchtig») überwinden und statt

«Ja, das junge Fräulein ist vielleicht noch in der Ausbildung, da geht's halt am Anfang schon mal etwas langsamer»

voll einsteigen und mit so etwas wie

«Ja, es ist wahrlich ein Trauerspiel, denen zuzuschauen»

dem allgemeinen Lamento beipflichten.

29

Grüezi und Ade

In den allermeisten Fällen beginnen die Missverständnisse zwischen Deutschen und Schweizern schon beim «Guten Tag»-Sagen. Und zwar geht es darum, dass der Schweizer sich ein wenig überrannt fühlen wird (siehe auch S. 100f., «Die Deutschen sind … ignorant») und der Deutsche den Eindruck gewinnen könnte, die Schweizer seien wirklich etwas langsam (siehe S. 117ff.,«Die Schweizer sind … langsam»). Dabei wurde nur das Ritual der Begrüßung falsch zelebriert. Der Deutsche wird nach einem kurzen «Hallo» subito damit herausrücken, was sein Begehr ist, so dass das Ganze in einem Satz als

«Hallo, hast du meine E-Mail schon gelesen?»

in einem Rutsch über die spitzen deutschen Lippen peitscht. Der Deutsche übergeht somit die Pause, die der Schweizer seinem Gegenüber normalerweise aus Höflichkeit einräumt, damit dieses zunächst seinen Gruß erwidern kann (siehe auch S. 109ff., «Die Schweizer sind … gefährlich»).

Die Anrede «Hallo» ist für einen Schweizer, sofern er den Gesprächspartner nicht schon lange kennt oder mit ihm per Du ist, schon an sich eine Frechheit. Während es in Deutschland sehr verbreitet ist, auch in der förmlichen Anrede eines Unbekannten das lapidare «Hallo» und zur Verabschiedung das süße «Tschüss» zu verwenden, sind «Hallo» und «Tschüss» in der Schweiz – wenn überhaupt – nur unter engen Kollegen eine angebrachte Wortwahl.

Im umgekehrten Fall, wenn der Schweizer sich mit einem «Grüezi» an Sie gewendet hat und nun höflich auf Ihre gleich lautende Antwort wartet, der Deutsche aber mit

«Hallo, was kann ich für Sie tun?»

antwortet, wurden mindestens zwei Fehler begangen: Erstens hätte die korrekte Antwort lauten müssen:

> «*Guten Tag, Herr Meier. Wie geht es Ihnen?*»,

und zweitens hätte man erst nach dessen Antwort auf die Frage nach seinem Wohlbefinden fortfahren sollen, was man denn für Herrn Meier tun kann.

Im Café

Deutscher trifft auf Schweizer – am Kiosk, bei Behörden, bei der Reiseauskunft der SBB, im Restaurant, usw. – und eröffnet das Gespräch. Sein Coming-out als Deutscher vollzieht er durch die Worte:

> «*Guten Tag.*»

Legen Sie unbedingt eine Pause ein und hauen Sie dem Gesprächspartner nicht direkt verbal um die Ohren, was Sie von ihm wollen. Räumen Sie ihm eine reelle Chance ein, ebenfalls «Guten Tag» zu sagen.

> «*Grüezi.*»
> «*Ich hätte gern …*»,

wählen Sie unbedingt den «Schweizer-Bedürfnis-Konjunktiv» (Näheres dazu siehe S. 117).

> «*… zwei Café crème.*»

Jetzt den Blick nicht gleich wieder auf die Zeitung heften, sondern der Bedienung noch weitere wertvolle Sekunden freundlich ins Gesicht schauen und der Dinge harren, die das Ritual nun noch fordert.

> «*Gärn. Suscht no öppis?*»

Wird die Bedienung Sie in der Hoffnung fragen, dass Sie noch ein Lachs-Canapé oder ein Eingeklemmtes (= belegtes

Brot) bestellen und so den Umsatz an diesem nebeligen Januarmorgen erhöhen.

«Nein, danke.»

Mit der Enttäuschung muss sie leben und versichert daher:

«Chunnt grad.»

Noch immer dürfen Sie sich nicht der ersehnten Zeitungslektüre zuwenden, sondern Sie sollten erst noch schön brav Danke sagen,

«Merci»,

und die Antwort der Bedienung freundlich lächelnd oder zumindest nickend entgegennehmen,

«Gärn gscheh»

obwohl doch eigentlich noch gar nichts geschehen ist …

In vielen Gebieten Deutschlands läuft eine solche Begegnung wohl eher so ab:

«Tach, zwei Tassen Kaffee bitte.»
«Kommt sofort.»

Abschied
In der Schweiz wird Ihnen bei jeder sich bietenden Gelegenheit zum Abschied noch ein schöner Tag oder ein schönes Wochenende gewünscht. Dies sollten Sie bitte ebenfalls tun und das Abschiedsritual mit einem freundlichen

«Danke, Ihnen auch» oder
«Merci gleichfalls / ebenfalls»

komplettieren.

Dass man in der Schweiz jedem an jedem Tag zum Abschied noch einen schönen Tag oder ein schönes Wochenende wünscht, darf man nicht so ernst nehmen. Sicher ist, dass so gut wie niemand von all diesen Unbekannten, die Sie mit guten Wünschen bedenken, auch nur einen weiteren Gedanken daran verschwendet, ob und wie dies eintreten wird. Es ist denen im Grunde völlig egal, sobald Sie ihrem Gesichtsfeld entschwunden sind, ob Sie wirklich einen schönen oder einen verhagelten Abend, allein oder in Gesellschaft, vor dem Fernseher oder in der Oper verbringen müssen oder dürfen. Es ist die gute Absicht, die zählt, und die guten Wünsche, die Sie bis zur Türe begleiten. Was Sie dann daraus machen, ist Ihre Privatsache und danach fragt der Schweizer nicht, denn das geht ihn schließlich nichts an. (Siehe auch S. 114ff., «Die Schweizer sind … verklemmt».)

Am Telefon

Ähnlich wie bei der persönlichen Begrüßung gibt es auch bereits am Anfang eines jeden Telefonats ein großes Potenzial für Missverständnisse: Aufgrund des fehlenden Blickkontaktes ist die Gefahr eines unabsichtlichen teutonischen Fehlverhaltens und einer gänzlich misslungenen Konversation sogar ungleich größer. Aber es gibt auch viele Parallelen mit der Live-Begrüßung, insofern ist es eigentlich nicht ganz so schwierig, es richtig zu machen. Denn auch im Gespräch über den Äther gibt der Schweizer seinem Gegenüber zunächst die Chance, den einleitenden Gruß zu erwidern. Und selbstredend müssen sich beide Gesprächsteilnehmer auch erst einmal für den netten Gruß bedanken. Der Deutsche ist dann meist schon beim zweiten oder dritten Punkt seiner Liste.

Auch am Telefon gilt also: Eine kurze Pause im Gespräch

ist nicht darauf zurückzuführen, dass der Schweizer Gesprächspartner so langsam ist und noch immer überlegt, wie er seinen Gedanken möglichst treffend und neutral formulieren will (siehe auch S. 119, «Die innere Vernehmlassung»). Vielmehr ist die Pause in 99 von 100 Fällen dazu da, einen Gruß auszusprechen oder auf die Erwiderung eines Grußes zu warten.

Eine weitere helvetische Besonderheit ist, dass man sich, sofern man mit dem Gegenüber «per Sie» ist, vorwiegend mit Vor- und Nachnamen vorstellt, sei es persönlich oder am Telefon.

Beispiel Telefonat

Anrufe in der Schweiz

Frau Barbara Meier (D), Angestellte der Schweizer Firma Hugentobler in Zürich, ruft Frau Christa Lüdi (CH) von der Schweizer Firma Huntwiler im Bernbiet an. Frau Lüdi meldet sich mit

«Huntwiler AG, min Name isch Christa Lüdi.»

Jetzt sollte Frau Meier die Kunstpause des noch jungen Gesprächs nicht mit einem Redeschwall füllen, nämlich in einem Satz «Guten Tag» sagen und den Grund des Anrufes nennen. Frau Meier sollte zunächst lediglich Christa Lüdi begrüßen und sich selbst vorstellen:

«Guten Tag, Frau Lüdi, hier Barbara Meier von der Firma Hugentobler.»

Hier sollte Frau Meier eine Pause einlegen!

«Grüezi, Frau Meier»,

wird Frau Lüdi daraufhin prompt antworten und erneut eine Pause einlegen, um Frau Meier ebenfalls die Gelegenheit zum Grüezi zu geben. Sicherheitshalber erwidert Frau Meier daher noch mal mit

«G'Zii Frau Lüdi ...»

(Siehe S. 183ff., «Die Do Nots für Deutsche »)

Jetzt wäre für Frau Meier der passende Zeitpunkt gekommen, den Grund ihres Anrufs zu schildern. Aber auch nur, wenn sich Frau Meier und Frau Lüdi noch nicht persönlich kennen. Falls doch, geht dem eigentlichen Grund des Anrufes noch der Austausch über das allgemeine Wohlbefinden voraus. Und selbst wenn jemand zum Davonlaufen schmerzende Migräne, zum Erbrechen tief sitzende Übelkeit oder für einen Suizid ausreichende Depressionen hat – er wird auf die Frage

«Wie geht es Ihnen, Frau Lüdi?»

im Normalfall mit

«Danke, gut. Und Ihnen?»

antworten und nur im allerschlechtesten Fall mit:

«Na ja, es geht so. Aber was will man auch erwarten, bei diesem trüben Wetter (an diesem Tag, bei dieser Hitze, bei diesem Lärm ...)»

Das Gegenüber sollte dies aber keinesfalls als Aufforderung verstehen, sich des Seelen- oder körperlichen Heils der anderen Person in therapeutischer Manier anzunehmen und hinter das Geheimnis des Unwohlseins dringen zu wollen. Also bitte fragen Sie nicht in teilnahmsvoll bekümmertem Ton, was denn los sei oder ob man helfen könne. Unterstützen Sie Ihr Gegenüber in seinem offensichtlich beeinträchtigten Dasein damit, dass man an den Umständen (Wetter, Wirtschaftslage, Wirtschaftssystem, Alter, Zeitgeist ...) eben nicht viel ändern könne:

> *«Ja, Sie sagen es. Ein scheußlicher Tag ...»*

Sie könnten außerdem sogleich den zwinglianischen Ausweg aufzeigen:

> *«... aber es hilft nichts, wir müssen ja trotzdem dafür sorgen, dass die Geschäfte laufen. Könnten Sie nicht bitteschön mal kurz nachsehen, ob unsere Bestellung von letzter Woche bei Ihnen schon raus ist ...?»*

und dem Gegenüber damit signalisieren:

> *«Hey, du wirst gebraucht. Ohne dich läuft der Laden nicht. Also tu was.»*

Sie werden sehen, es funktioniert!

Anrufe nach Deutschland

Die Pausen, die der Schweizer im Telefonat seinem Gesprächspartner am anderen Ende der Leitung einräumt, werden viele Schweizer Anrufer nach Deutschland vermissen. Da könnte dann eher Folgendes passieren, wenn zum Beispiel Herr Urs Odermatt von der Firma Eislin aus Bern Herrn Bruno Müller von der Firma Weiß GmbH in Frankfurt am Main anruft:

> *«Firma Weiß, Müller am Apparat.»*
> *«Guten Tag, Herr Müller, hier spricht Urs Odermatt von der Firma Eislin in Bern.»*

Der Schweizer macht jetzt die obligate Pause und wartet auf das «Guten Tag, Herr Odermatt» vom deutschen Herrn Bruno Müller – was aber nicht kommt. Stattdessen dringt vom deutschen Ende der Leitung schon nach wenigen Bruchteilen unangenehmer Schweigesekunden bestenfalls ein irritiertes Räuspern. In den meisten Fällen werden die Herren und Damen aus Deutschland aber ein leicht genervtes

«Ja! Hallo???? Was wollen Sie denn????»

durch die Leitung peitschen.

Woraufhin der Schweizer angesichts dieser unfreundlichen Behandlung schon das erste Mal hart schlucken muss. Da er jetzt außerdem aus seinem gewohnten Gesprächsfluss gerissen wurde, muss er erst einmal gedanklich umschalten. Er überlegt, wie er auf diese unerwartet schroffe Art reagieren soll und welche Antwort nun die richtige ist (siehe auch S. 119, «Die innere Vernehmlassung»). Sie wird in vielen Fällen mit einem Räuspern oder einem irritierten «Ähm» beginnen und beim Deutschen den Eindruck erwecken, sein Gesprächspartner sei frisch von der Primarschule eingestellt worden, geistig etwas verlangsamt oder der deutschen Sprache eigentlich nicht mächtig.

«Ähm, ja, ähm, ich wollte fragen, ob unsere Bestellung schon ausgeliefert wurde.»

Der Schweizer erwartet, dass ihm jetzt jemand antwortet im Stil von

«Ja, Herr Odermatt, das weiß ich leider so auf Anhieb auch nicht, da muss ich nachschauen. Könnten Sie mir bitte noch die Bestellnummer sagen?».

Doch das ist nicht der deutsche Umgangston, der sich doch eher auf das Wesentliche beschränkt:

«Wie ist die Bestellnummer?»

Was den Schweizer – der dies erneut als unfreundlichen Tonfall klassifiziert – noch mehr verunsichert:

«Ähm, ja, äh, ach hier: COC 353879.»
«Augenblick, ich schau mal nach.»

Ohne ein weiteres Wort legt der Deutsche den Telefon-
hörer – klong! – zur Seite und sucht die gewünschte Information aus seinen Unterlagen heraus.

Wenn ein Schweizer ein Telefongespräch unterbrechen
muss, um etwas nachzuschauen oder eine Verbindung herzu-
stellen, wird er dies zunächst mit

> *«Oh, da muss ich erst nachschauen. Bleiben Sie bitte
> dran / warten Sie bitte einen Augenblick / haben Sie noch
> einen Augenblick Zeit?»*

einleiten.

Nimmt er dann das Gespräch wieder auf, wird er sich in
jedem Fall als Erstes dessen versichern, ob sein Gesprächspartner noch in der Leitung ist – vollkommen unabhängig
von der Dauer der Gesprächsunterbrechung, die zwischen 3
und 3000 Sekunden gedauert haben kann –, wird also die
landesweit einheitliche Frage durch den Äther schicken:

> *«Sind Sie noch da?»*

Man sollte sich in jedem Fall ein freudiges

> *«Na klar!» oder «Aber sicher doch!»,*

ein konsterniertes

> *«Natürlich / ja sicher / sowieso»*

ein ironisches

> *«Nein, habe mich gerade atomisiert» oder ein lustiges
> «Nein, ich tue nur so!»*

verkneifen, denn diese Art Humor versteht der Schweizer
nicht (siehe auch S. 114 ff., «Die Schweizer sind … verklemmt»). Die korrekte Antwort lautet schlicht:

> *«Ja.»*

Der Deutsche hingegen wird, sobald er gefunden hat, was er suchte, das Telefongespräch ohne Umschweife fortsetzen:

«Also, ich hab's gefunden. Die Bestellung ist am Freitag raus.»
«Dann ist es ja gut, vielen Dank»,

wird Herr Odermatt entgegnen und ein

«Bitte schön und auf Wiederhören»

von Herrn Müller als Antwort erhalten. Doch bevor Herr Odermatt dem Herrn Müller auch ein

«Auf Wiederhören»

entgegnen und ihm noch einen schönen Tag wünschen kann, hat dieser bereits aufgelegt, und die tote Leitung piepst dem enttäuschten Herrn Odermatt unfreundlich ins Ohr.

Telefonnummern

Sie werden im privaten und beruflichen Alltag hoffentlich viele Telefonnummern mit den neuen Schweizer Bekannten und Kollegen austauschen. Und dabei werden Sie feststellen, dass es auch da feine Unterschiede gibt. Der Erste ist der, dass in der Schweiz alle Anschlüsse sieben Ziffern plus eine dreistellige Vorwahl haben. Und die Deutschschweizer haben ganz offensichtlich eine ungeschriebene, aber einheitliche Art, diese Ziffern aufzuzählen: zuerst die Vorwahl in einem Einer- und einem Zehnerpack, dann die Rufnummer in einem Hunderter- und zwei Zehnerpacks.

Es werden bei der Vorwahl also nicht etwa die einzelnen Ziffern genannt:
0 – 4 – 3 (null – vier – drei),

sondern es heißt stets:

0 – 43 (null – dreiundvierzig), wobei die Betonung auf der Dreiundvierzig liegt. Die eigentliche Telefonnummer wird danach nicht mit 81 (einundachtzig) – 03 (null – drei) – 41 (einundvierzig) – 5 (fünf)

oder vielleicht in Einzelziffern
8 (acht) – 1 (eins) – 0 (null), – 3 (drei) – 4, (vier) – 1 (eins) – 5 (fünf) aufgezählt (je nach dem, wie sich die jeweilige Ziffernfolge am einfachsten bündeln lässt), sondern stets in den gleichen, wohl sortierten Dreier- und zwei Zweierpacks genannt:

810 (achthundertzehn) – 34 (vierunddreißig) – 15 (fünfzehn)

Diese standardisierte Bündelung hat historische Gründe. Früher, vor der Liberalisierung des Telekom-Marktes, gab die Vorwahl – die damals nur Zürich zwei Ziffern und allen anderen Städten drei Ziffern zugestand – Aufschluss über den Ort des Telefonanschlusses. Die 01 stand für Zürich, die 021 für Lausanne, 031 für Bern, die 041 für Luzern und so weiter. Die dann folgenden ersten drei Ziffern zeigten an, aus welchem Quartier (Stadtviertel) der Anruf kam. Und ganz früher sollen die letzten vier Ziffern sogar noch Rückschlüsse auf die Straße gegeben haben.

Schweizern fällt kaum auf, dass diese Nennung von Ziffern eigen ist – höchstens dann, wenn ein unwissender Deutscher seine Telefonnummer anders als in der helvetisch genormten Form aufsagt. Er kann sich dann gewiss sein, dass Schweizer das Gehörte simultan in die eigene Aufzählungsweise übersetzen und laut wiederholen.

Beispiel Telefonnummer

Sie als Deutsche oder Deutsche antworten auf die Frage:

> «Können Sie mir noch Ihre Telefonnummer nennen?»
> «Ja, gerne. Sie lautet null – vier – drei»

Legen Sie hier eine Pause ein, damit der andere mitschreiben kann. Der wiederholt (übersetzt) aber nochmals, um sicherzustellen, dass er die Nummer richtig verstanden hat:

> «Null-dreiundvierzig???»

Deutsche wissen an dieser Stelle nicht, dass sie irgendeine Gepflogenheit oder Norm verletzt haben. Sie fahren fort, die Telefonnummer auf eine mehr oder weniger übliche, beliebige oder sich an der Zahlenfolge orientierte Art und Weise preiszugeben. Das kann dann

> «Einundachtzig – null – drei – einundvierzig – fünf»

lauten oder auch

> «Acht, eins, null – drei, vier – eins, fünf.»

Doch der irritierte Schweizer antwortet daraufhin mit an Sicherheit grenzender Wahrscheinlichkeit:

> «Achthundertzehn, vierunddreißig, fünfzehn???»

Beide reden also absolut über das Gleiche – eine bestimmte Zahlenfolge, über die inhaltlich gar nicht diskutiert werden kann – und schaffen es dabei prompt, sich kaum zu verstehen.

Im Freundeskreis

Zunächst einmal empfinden Deutsche die in der Schweiz verbreitete Degradierung ihrer Freunde zu «Kolleginnen» oder «Kollegen» befremdlich – ein im üblichen Wortsinne eher unverbindlicher Begriff. Dies erstaunt eigentlich sehr, wenn man bedenkt, wie lange es im Allgemeinen dauert, bis man in der Schweiz Freunde gefunden hat – oder besser gesagt, «zu einem Kollegenkreis dazugehört» (siehe auch S. 114ff., «Die Schweizer sind ... verklemmt»).

Hingegen verwirrt es die Eidgenossen, wenn deutsche Frauen von ihren Freundinnen reden (nein, die sind nicht alle lesbisch) oder Männer von ihren Freunden (und die sind nicht alle schwul) oder verheiratete Frauen von einem Freund reden (ja, rein platonisch) oder verheiratete Männer von einer Freundin (es muss keine sexuelle Handlung im Spiel sein). Hier entscheidet der kleine Unterschied des besitzanzeigenden Fürwortes über die tatsächliche Stellung der jeweils angesprochenen Person. Redet sie von einem Freund, dann ist nur ein guter Freund gemeint. Heißt es aber «mein Freund», dann ist der Mann gemeint, mit dem sie vielleicht schon zusammenlebt.

Handschlag oder Küsschen?

Vollkommen verschieden sind auch die deutschen bzw. schweizerischen Begrüßungs- und Abschiedsrituale im Kollegenkreis. Zunächst einmal verwirrt es Deutsche, dass in der Schweiz alle Kolleginnen und Kollegen einzeln, persönlich und namentlich begrüßt und am Ende des Abends verabschiedet werden. Kommt also noch der zehnte Kol-lege zur geselligen Runde hinzu, wird er alle Anwesenden, einen nach dem anderen, mit Handschlag (Männer) oder Wangenküsschen (Frauen) und mit «Hoi Peter/Susanne/Urs/Bea/Adrian/Regula/Corin ...» sowie mit «Wie goht's?» (Männer) oder «Schön, dich zu sehen» (Frauen) begrüßen.

Stößt der Deutsche indes dazu, schmettert er statt des aufwendigen persönlichen Begrüßungsgetues für gewöhnlich ein herzliches und lautes (damit es alle hören) «Hallo» in die Runde. Damit ist für ihn die Begrüßung aller Anwesenden erledigt und nun wird er möglichst schnell zum Wesentlichen kommen und dem Wirt «Ein Bier, bitte!» zurufen (siehe auch S. 105 «Die Deutschen sind … aufdringlich»).

Wer wann unter Kollegen in den Kreis derer aufsteigt, die mit drei Wangenküsschen (die übrigens in die Luft gehaucht werden) begrüßt werden, und bei wem es nur zum Handschlag reicht, ist nicht immer klar – auch den Schweizerinnen und Schweizern untereinander nicht. Geschafft hat man es wohl, wenn man zur Hochzeit des Arbeitskollegen oder zu einem Schweizer nach Hause eingeladen wird, was aber Jahre dauern kann. Dann spätestens wäre es jedoch an der Zeit, sich mit Küsschen zu begrüßen. Am besten ist es, abzuwarten, bis das Gegenüber sich einem in der offensichtlichen Absicht nähert, den Wangenkuss auszutauschen. Dann sollte man diese Geste auf jeden Fall freudig erwidern. Oftmals geht auch beides. Dann schüttelt man sich erst die Hand und berührt sich dann leicht zum simulierten Wangenküsschen. Die Hände dürfen dabei weiter gehalten werden, bis die drei Luftküsse verteilt sind.

Umgekehrt dürften sich die Schweizer einmal mehr über die ungehobelten Umgangsformen der Deutschen wundern, die ihre Freunde sicher nicht mit Handschlag begrüßen (das ist eher etwas für den Arbeitsalltag) und erst recht nicht mit Wangenküsschen. Der deutschen Gepflogenheit entspricht es eher, dass enge Freundinnen und Freunde einander umarmen, vielleicht noch begleitet von Schulterklopfen und eventuell einem freundschaftlichen und feuchten Schmatzer auf die gerade zufällig zur Verfügung stehende Wange.

Also, liebe Schweizer, wenn Ihnen ein deutscher Kollege bei der Begrüßung nach langer Zeit der Abstinenz um den Hals fällt, denken Sie sich nichts dabei. Er hat nicht ins Lager der Homosexuellen gewechselt, sondern will nur seiner Freude über das Wiedersehen einen authentischen Ausdruck verleihen.

Ein Spruch, ein Fettnäpfchen

Sind diese Unterschiede zwischen «Kollegen», «Freundinnen», Küsschen, «mein» und «ein» Freund erst einmal geklärt, warten auf Deutsche im Schweizer Kollegenkreise zahlreiche unbeschilderte Fettnäpfchen, von denen sie nur wenige auslassen werden. Die größte Kategorie bilden die Sprüche (siehe auch S. 101 ff., «Die Deutschen sind ... großschnäuzig» sowie insbesondere S. 131 ff. «Die Rheinländer», S. 142 ff. «Die Bayern», S. 146 ff. «Die Mitteldeutschen» [insbesondere «Die Pfälzer»] und S. 156 ff. «Die Berliner»).

In ausgelassener Runde kommt es dank der Spruch- und Sprachgewandtheit der Deutschen häufig zu dummen Missverständnissen. Und das nur, weil diese verbalen Äußerungen bei den Schweizern leider vollkommen anders ankommen, als sie gemeint waren. Denn was der Deutsche als kreative Wortfindung ansieht, die Schmunzeln oder gar Lacher bescheren sollte, das nimmt der Schweizer oftmals beim Wort. Der übertragene Sinn entgeht ihnen dabei leider, was unangenehme Folgen haben kann:

Beispiel Sprüche klopfen

Auf einer Geburtstagsparty im Hochsommer, bei drückender Abendtemperatur. Beat erzählt einem kleinen Kreis von Zuhörern – darunter eine Norddeutsche, die er insgeheim beeindrucken will –, wie er vor einigen Jahren bei über 40° Celsius zu Fuß die Stadt Barcelona besichtigt hat. Denn er hatte nur einen Tag während der Spanienrundreise für Barcelona einkalkuliert. Und ausgerechnet an diesem Tag war es so heiß. Aber natürlich erwanderte er tapfer die Stadt, bei flirrender Hitze.

Auf eine solche Schilderung antwortet der oder die Deutsche wahlweise mit

«Na, ihr seid ja ganz schön verrückt!» (Norddeutschland)

«So blöd müsst ick ooch ma sein!» (Berlin)

«Alla, red kaa Verz!» (Pfalz)

«Ja mei, spinnt's denn ihr?» (Bayern)

«Nä, wat seid ihr bekloppt!» (Rheinland)

Was die deutschen Zuhörer damit zum Ausdruck bringen wollen, ist aber durchaus kein ernst gemeinter Zweifel am Geisteszustand des Erzählers, sondern ein unverhohlenes Kompliment für dessen unglaubliche, am Rande der körperlichen Leistungsfähigkeit rangierende, besonders gefährliche, verwegene, abenteuerliche, extravagante, mutige, außergewöhnliche Tat!

Der Schweizer wird dies kaum so auffassen, sondern die Äußerung leider ebenso wörtlich wie ernst nehmen und vielleicht noch leicht beleidigt «Nein, keinesfalls» antworten.

Denn der Schweizer fühlt sich im Allgemeinen nicht geschmeichelt, wenn man ihn als bekloppt, bescheuert oder spinnert bezeichnet, sondern ist verwirrt bis beleidigt. Der kreative Umgang mit der Sprache, der übertragene Wortsinn, die Überhöhung eines Ausdrucks oder gar Ironie sind ihm im Allgemeinen eher fremd (siehe auch S. 117ff., «Die Schweizer sind … langsam»).

Daher sei dem Deutschen in der Kollegenrunde angeraten, seine Bewunderung in schweizerischen Maßstäben zum Ausdruck zu bringen. Das Gespräch sollte also vielleicht eher so laufen:

«… da mussten wir uns Barcelona bei über 40° Celsius ansehen. Das war vielleicht heiß.»

Bitte jetzt nicht «Ich wusste ja schon immer, dass ihr bekloppt seid» oder «Meine Güte, seid ihr denn wahnsinnig!» oder sonst irgendeine verklausulierte Bewunderung zum Ausdruck bringen, sondern eng beim Wort bleiben und dennoch Bewunderung ausdrücken:

«*Meine Güte, das hätte ich nie geschafft.*»

Zugegeben, auf Deutsche wirkt diese Antwort etwas trocken. Aber was soll's, Martini ist auch ziemlich trocken und knallt trotzdem ganz gut.

Vorsicht mit kreativen Sprüchen
Zur selben Kategorie der Fettnäpfchen gehören auch die kreativen Wortfindungen. So kann es Ihnen als Deutsche beispielsweise passieren, dass ein guter Kollege, den Sie durchaus als humorvoll einschätzen, auf Ihre lustig und keinesfalls boshaft gemeinte Aufforderung

«*Hey, Billy, mach dich mal schlank*»,

Ihnen nach erläuternden Handzeichen zwar auf der Couch Platz macht, aber dabei ganz schön beleidigt aus der Wäsche guckt.

Das Gleiche kann Ihnen mit Sprüchen passieren wie:

«*Boah, dem brennt ja der Helm.*»

(Meine Güte, ist der noch ganz bei Verstand?)

«*Mann, da krieg ich so 'nen dicken Hals.*»

(Das regt mich furchtbar auf.)

«*Ui, ich hab einen an der Klatsche!*»

(O je, ich bin ein wenig alkoholisiert.)

«*Der hat 'se wohl nicht alle?*»

(Meint der das ernst?)

«Mach dich mal locker.»

(Nimm das doch nicht so ernst.)

«Jetzt mach doch mal Butter bei die Fische.»

(Komm bitte mal zum Punkt.)

«Ey, der hat doch keine Eier.»

(Er ist ein Feigling.)

«Wir freuen uns ein Loch in die Mütze.»

(Das freut uns sehr.)

«Der hat 'nen Vollschuss / 'nen Sockenschuss.»

(Der agiert nicht immer rational.)

«Rechts ist grün.»

(Von rechts kommt keiner.)

«Da wird ja der Hund in der Pfanne verrückt!»

(Kaum zu glauben!)

«Das ist doch wohl zum Mäuse melken.»

(Das ist nicht zum Aushalten.)

Im Bewerbungsverfahren

Dem deutschen Arbeitsmarkt geht es nicht erst seit gestern miserabel. Auch für gut ausgebildete Fachkräfte ist es ein harter und dennoch nicht immer erfolgreicher Kampf, eine passende und angemessene Arbeit zu finden. Auf eine Stellenausschreibung treffen nicht selten mehrere Hundert Bewerbungen ein. Es ist klar, dass jeder Stellensuchende angesichts dessen angibt, der Beste zu sein und alles zu können. Ob das dann auch

stimmt, ist für den ersten Schritt (bis zum Vorstellungsgespräch) zunächst einmal vollkommen irrelevant.

Daher lesen sich Bewerbungen von Deutschen so, als
hätte man es permanent mit Wunderkindern zu tun. Sie haben alles gelernt, können alles und haben nur darauf gewar-
tet, genau dieses Unternehmen mit ihren brillanten Ideen vor
dem Untergang zu retten und im Anschluss daran auf direk-
tem Weg an die Weltspitze zu führen (siehe auch S. 101ff.,
«Die Deutschen sind … großschnäuzig»).

Der Schweizer tritt auch hier ganz anders auf. Zum einen,
weil es seinem bescheidenen Naturell entspricht (vgl. S. 120ff.,
«Die Schweizer sind … kleinkariert»), und zum anderen,
weil der schweizerische Arbeitsmarkt keinesfalls so dicht ist
wie der deutsche. In der Schweiz fliegen einem Arbeitswilli-
gen entgegen einiger verbreiteter Mythen zwar auch keine
gebratenen Tauben in den Mund, aber die Chancen auf eine
Einladung zum persönlichen Gespräch, eine Anstellung mit
angemessener Bezahlung und entsprechender Wertschätzung
sind ungleich höher.

Beispiel Bewerbungsanschreiben
Ein Schweizer bewirbt sich mit folgenden Worten (Quelle:
www.manpower.ch):

Sehr geehrte Frau Müller

Die Entwicklung Ihrer Firma zu einem der führenden Unternehmen in der Uhrenindustrie habe ich mit großem
Interesse verfolgt. Ihre neuen, ganz besonders innovativen Produkte entsprechen den Bedürfnissen einer immer
anspruchsvolleren Kundschaft.
Gerne stelle ich meine solide Erfahrung und mein Engage-
ment in den Dienst Ihrer Firma.
Während fünf Jahren habe ich mein Know-how bei Redox

AG als Assistent des Produktmanagers und dann als Produktmanager bei der Trivial AG vertieft und beherrsche deshalb die verschiedenen Aspekte meines Berufes.

Gerne würde ich bei einem Gespräch über die Grundlagen für eine künftige Zusammenarbeit diskutieren.

Selbstverständlich stehe ich Ihnen für weitere Auskünfte gerne zur Verfügung.

Mit freundlichen Grüssen
Urs Odermatt

Merken Sie etwas? Es fehlen die Superlative. Es ist die Rede von «solider» Erfahrung, schlichtem Know-how (und keinem «umfassenden», «überragenden» oder «innovativen») und einfacher «Beherrschung» der verschiedenen Aspekte des Berufes. Auch «würde» er nur zu gerne ein persönliches Gespräch führen – einmal mehr der «Schweizer Bedürfnis-Konjunktiv» (mehr dazu S. 117). Das Selbstmarketing oder die Aktion, sich selbst in den Mittelpunkt zu stellen, liegt den Schweizern im Allgemeinen nicht sonderlich gut.

Ganz anders bei den Nachbarn aus dem Norden: Ein Deutscher bewirbt sich eher mit folgenden Worten (Quelle: www.monster.de)

Sehr geehrter Herr Müller

Als *erfahrener* Netzwerkadministrator bringe ich *mehrjährige* Branchenerfahrung und Kenntnisse aus einer *erfolgreichen* Laufbahn im Bereich Netzwerktechnik bei *führenden* ITK-Unternehmen mit. Aufsetzen und Pflege *komplexer* IT-Infrastrukturen sind mein Tagesgeschäft, in dem ich *besondere* Erfolge erzielt habe. Erste Führungserfahrung bringe ich aus der Leitung *interdisziplinärer* Projektteams mit.

Als Diplom-Wirtschafts-Ingenieur verfüge ich neben *sehr*

fundierten technischen Kenntnissen auch über *weit reichendes* betriebswirtschaftliches Know-how. Dadurch kann ich technische Lösungen *sehr gut* in den unternehmerischen Gesamtzusammenhang einordnen.

Ihr Unternehmen ist mir bereits aus meiner derzeitigen Tätigkeit und durch Marktbeobachtung *positiv* bekannt. Besonders attraktiv an der gebotenen Stelle ist für mich die Möglichkeit, als Teamleiter *dauerhaft* Führungsverantwortung zu übernehmen.

Daher *freue ich mich* über eine Einladung zu einem persönlichen Gespräch, für das ich Ihnen zeitnah zur Verfügung stehe.

Gerne höre ich von Ihnen.

Mit freundlichen Grüßen
Dirk Meier

Merken Sie etwas? Richtig, hier wird nicht nur deutlich mehr geredet respektive geschrieben, sondern es werden auch deutlich mehr Adjektive und Superlative verwendet, die allesamt die Vorzüge des Bewerbers preisen. Der Bewerber würde sich nicht nur über ein Gespräch freuen, sondern er geht selbstverständlich davon aus, dass er dazu eingeladen wird (siehe auch S. 105, «Die Deutschen sind … aufdringlich»).

Auswahlverfahren

Schweizerische Personalverantwortliche mussten in den letzten Jahren schmerzlich begreifen, dass die Bewerbungen von Deutschen nicht allzu ernst genommen werden dürfen. Zunächst waren sie irritiert und vielleicht auch eingeschüchtert von dem, was die deutschen Bewerber alles können (wollten). Aber nicht wirklich konnten. In Deutschland bewirbt man sich auf eine Stelle, wenn auch nur die Hälfte der geforderten Qualifikationen zutrifft, frei nach dem Motto «Den

Rest kann man zwar noch nicht, aber den kann man ja noch lernen, das wird schon keinem auffallen».

Ein Schweizer würde sich kaum auf eine Stelle bewerben, für die er nicht mindestens 80 Prozent der geforderten Qualitäten mitbringt.

Bei Bewerbungen von Deutschen ist es daher angeraten, 10 bis 50 Prozent von dem, was sie alles behaupten und können wollen, abzuziehen. Bei einem Schweizer Bewerber kann man mindestens ebenso viel in Gedanken irgendwo dazuzählen.

Das Vorstellungsgespräch
Personalverantwortliche, Abteilungsleiter und Unternehmenschefs in der Schweiz erleiden unter Umständen einen Kulturschock, wenn sie ein Vorstellungsgespräch mit einem direkt importierten deutschen Bewerber erleben. Er wird nicht nur schaurig selbstbewusst auftreten, andere im Gesprächsfluss unterbrechen, alle möglichen Fragen zum Unternehmen stellen und behaupten, dass er so ziemlich alles kann. Er wird, was seine Qualifikationen angeht, auch so gut lügen können, dass die anderen es nicht merken, und er kann sich vermutlich auch souverän über Dinge unterhalten, von denen er absolut keine Ahnung hat. Kurzum: Sein Auftreten wird viele Schweizer erschlagen. So wurde eine deutsche Bewerberin für eine Führungsposition im Management eines mittelgroßen Verlagshauses zum Abschluss des zweiten Vorstellungsgespräches und nach der Betriebsführung vom CEO gefragt, wie sie denn in ihrem bisherigen Berufsleben mit ihrer forschen Art so bei den Kollegen angekommen sei. Darauf fiel der deutschen Bewerberin dann tatsächlich und ausnahmsweise nichts mehr ein. Den Job hat sie später abgelehnt.

Unter Arbeitskollegen

Am Schweizer Arbeitsplatz wird dem neuen deutschen Kollegen zunächst einmal (das heißt für die ersten 6 bis 12 Monate) eine etwas ungesunde Mischung aus Neugier, Misstrauen, Abneigung und Neid entgegenschlagen, wobei die drei letztgenannten Attribute nicht nur numerisch überwiegen dürften. Davon muss der Deutsche aber nicht zwingend etwas spüren, denn der Schweizer ist nicht dafür bekannt, dass er seine Meinungen und Stimmungen wie ein offenes Buch vor sich herträgt und daraus etwas verkündet (siehe auch S. 114ff., «Die Schweizer sind … verklemmt»). Während in den meisten Ecken Deutschlands die Neugierde über das Misstrauen siegt und Neuankömmlinge erst einmal ungeniert mit Fragen gelöchert werden, warten die Helvetier ab, wie sich der oder die Neue so gibt. Und das kann dauern. Und zum Beispiel dazu führen, dass sich die Kollegen im Beisein des neuen Kollegen zum Feierabendbier verabreden, ohne ihn dazuzubitten.

Die Schweizer Höflichkeit wird den Deutschen in anderen Zusammenhängen jedoch von Anbeginn mit voller Wucht treffen und blenden (siehe S. 109ff., «Die Schweizer sind… gefährlich»). Und zwar spätestens am dritten Arbeitstag, wenn ihm bewusst wird, dass ihn alle neuen Arbeitskollegen stets grüßen und dabei korrekt beim Vornamen nennen. Das nett gemeinte «Guten Morgen, Peter» irritiert spätestens dann, wenn dem neuen Peter auffällt, dass er sich bisher gerade mal den Vornamen des Tischnachbarn und seines unmittelbaren Vorgesetzten gemerkt hat. Als Antwort kommt aus deutschem Munde daher ein immer leicht verwirrtes

«Ähm, guten Morgen, ähm Reto, nicht wahr?»

oder ein in Schweizer Ohren unpersönlich klingendes

«*Guten Morgen*».

Vielleicht resultiert diese Form der persönlichen Begrüßung auch aus der kleinen Grundgesamtheit. Immerhin gibt es nur etwa 4,8 Millionen Deutschschweizer. Die kennen sich zwar nicht alle beim Vornamen – aber fast (siehe auch S. 124ff., «Die Schweizer sind … neurotisch»). Diesen Eindruck könnte der Deutsche jedenfalls nach den ersten Arbeitstagen durchaus gewinnen.

Die enorme Fähigkeit der Schweizer, sich Vornamen zu merken, ist beeindruckend. Dagegen ist das deutsche Gehirn leider so gar nicht darauf trainiert, Namen fremder Menschen zu memorieren. In Deutschland reicht ein «Tach» durchaus als Begrüßung aus, ohne dass jemand beleidigt wäre. Anders in der Schweiz. Es ist sicher übertrieben zu sagen, dass alle Kollegen am dritten Tag pikiert wären, wenn Sie deren Vornamen noch immer nicht draufhaben. Aber es wäre dennoch besser, Sie würden sich jetzt endlich die Namen merken. Schreiben Sie sich die Vornamen auf die Handinnenflächen, machen Sie Gedächtnistraining oder bauen Sie sich irgendwelche geheimen Eselsbrücken, aber merken Sie sich schleunigst die Namen Ihrer neuen Kollegen! Erwidern Sie jedes «Guten Morgen, Petra» mit einem ebenso freundlichen «Guten Morgen, Beat».

Je schneller Sie das können, desto besser.

In der Diskussion

Als Deutscher sollte man sich nicht wundern, wenn man bei den ersten Besprechungen offizieller Natur oder am (vielfach obligatorisch gemeinsam zu verbringenden) Mittagstisch mit den Kollegen im Personalrestaurant oder im immer gleichen Restaurant um die Ecke von den Arbeitskollegen zunächst mehr oder weniger ignoriert wird. Das kann in folgendem Dilemma enden: Mischt sich der Deutsche ungefragt in die

Diskussion ein, bestätigt er mindestens drei Vorurteile (Deutsche mischen sich immer ein, wissen alles besser, biedern sich an), übt er sich schweigend in ungewohnter Zurückhaltung, erweckt er den Eindruck, arrogant und desinteressiert zu sein oder nichts zu kapieren (angefangen bei der Sprache bis hin zum eigentlichen Diskussionsgegenstand).

Wer den ersten Weg wählt, sollte sich nicht wundern, wenn ihn alle Umsitzenden nach Beisteuerung seines Redebeitrags ungläubig bis genervt anschauen, nur um dann ohne Antwort die Köpfe wieder einander zuzudrehen und einfach da fortzufahren, wo sie soeben von Ihnen unterbrochen wurden. Es muss nicht so laufen, aber wenn doch, sollte Sie zumindest der Gedanken trösten, dass dies kein Einzelfall ist. Es liegt nicht an Ihnen als Person, sondern eher an Ihrer deutschen Herkunft, Ihrer hochdeutschen Sprache und Ihrer Unwissenheit bezüglich der empfindlichen Schweizer Seele.

Vor allem dann, wenn der Deutsche noch nicht lange in der Schweiz lebt und noch den Blick von außen mitbringt («Was soll denn das Getue um das Schweizer Militär? Global kann man da doch sowieso nichts mit ausrichten») oder gar eine kritische Distanz zu emotionalen Schweizer Steckenpferdchen auffährt («Die Subventionierung der Landwirtschaft ist doch eher eine Farce und dem Bauernlobbyismus in der Regierung zu verdanken»), ist er mit seinem Redebeitrag zu grandiosem Scheitern verurteilt. Denn bei solchen Themen kann und darf und sollte er gar nicht mitreden.

Zur Vermeidung dieser Degradierung ist es ratsam, wenn der Deutsche in einer eidgenössischen Diskussionsrunde mit seinen mehr oder minder qualifizierten Aussagen vorsichtig ist, kleiner dosiert und diese auf jeden Fall in einem ersten Schritt ankündigt. Wenn man sich in eine Diskussion oder in ein Tischgespräch einbringen will, die Anwesenden darum unbedingt mit

«Also wenn ich mal was dazu sagen dürfte …»

darauf vorbereiten, dass Sie nun etwas sagen wollen, was vielleicht – schon rein von der Aussprache her – nicht dem Gewohnten entspricht, allein schon deshalb, weil es Ihnen auf Hochdeutsch über die Lippen kommt.

Inhaltlich ist der Deutsche gut beraten, wenn er lernt, nicht ständig so zu tun, als hätte er die Weisheit mit Löffeln gefressen und als seien seine Aussagen daher grundsätzlich auch der Weisheit letzter Schluss. Also immer mit

«Ich finde / Meiner Meinung nach / Ich denke …»

einleiten, statt der in Deutschland gern genutzten, provokativ gemeinten Verallgemeinerung individueller Ansichten. Etwa im Stile wie

«Das war doch glasklar, dass sich das Bankgeheimnis bei dem wachsenden Druck aus den USA und der EU auf Dauer nicht mehr lange aufrecht erhalten ließ!"

eine Aussage, mit der eigentlich nur eine hitzige Debatte losgetreten werden sollte und der nun bei einer Gesprächsrunde unter Deutschen entsprechend vehement Kontra gegeben werden würde. In der Schweiz ernten solch klare, direkte Statements höchstens betretenes Schweigen, weil sie sich für einen Schweizer in etwa so anfühlen, als hätte man ihm gerade einen nassen Waschlappen um die Ohren geschlagen.

Der Schweizer diskutiert nämlich deutlich weniger provokant (siehe auch S. 119, «Die innere Vernehmlassung»), sondern diplomatisch (um im Bild zu bleiben: Wattebäuschchen statt Waschlappen). Das lernt der Deutsche nie! Und wenn doch, dann nur, weil er mit einem überdurchschnittlichen Maß an diplomatischem Geschick gesegnet ist. Meist reicht es aber für den Anfang schon aus, wenn man in der Rede die Superlative streicht, jeden dritten oder vierten Aussagesatz als Frage formuliert (hier sei auf das in der Schweiz inflationär gebrauchte, wunderbare Wörtchen «oder?» verwiesen) und alles bescheiden als seine im Grunde unwichtige persönliche Meinung deklariert:

> *«Also, ich finde, nachdem Liechtenstein und andere steuerfreundliche Länder nachgegeben hatten, konnte sich die Schweiz dem internationalen Druck auf das Bankgeheimnis wohl auch nicht länger widersetzen, oder?»*

Et voilà! So wird in Helvetien diskutiert!

Bei Missachtung dieser Regeln kann man sich am Arbeitsplatz in nur wenigen Tagen sämtliche potenziellen Sympathiepunkte verspielen, sämtliche eidgenössischen Toleranzgrenzen überschreiten und es sich für viele Jahre mit den Schweizer Arbeitskollegen verscherzen. Also schalten Sie besser ein bis fünf Gänge zurück und absolvieren Sie einen Crashkurs in helvetischer Diplomatie, Höflichkeit und Bescheidenheit (siehe auch S. 108 bis S. 130, «Die Schweizer sind …»).

Beispiel Teamsitzung

Teamsitzung am Morgen. Die Themen der Woche werden besprochen, Ziele festgelegt, Zuständigkeiten geklärt. Der Chef, fünf Teammitglieder, darunter ein Deutscher, sitzen beisammen.

> *Chef: «Wir sollten mal das Thema Prozessoptimierung verfolgen und ver-»*
> *Deutscher: «O ja, gute Idee. Habe ich mich schon letztes Jahr einmal mit befasst. Die Ergebnisse waren überraschend und sehr hilfreich. Wir haben damals in Deutschland blablabla …»*

Grundfalsch. Gleich mehrere Fehler in einem Atemzug. Zunächst einmal fällt man dem Chef (und auch den Kollegen) nicht ins Wort. Am besten wäre es, wenn Sie lernen, nicht immer als Erster zu antworten. Auf gar keinen Fall sollten Sie sich so in Szene setzen und unbedingt verschweigen, dass Sie das schon alles kennen und es in Deutschland schon lange üblich ist. Es gibt kaum einen besseren Weg, sich bei Schweizern dauerhaft unbeliebt zu machen, als ihnen mit solchen Aussagen das Gefühl zu geben, sie lebten hinter dem Mond und die Deutschen wüssten wie üblich eh alles besser.

Erfolgversprechender wäre:

> *Chef: «Wir sollten mal das Thema Prozessoptimierung verfolgen und vertiefen, vielleicht ergeben sich ja dann neue Zusammenhänge. Oder was denkt ihr?»*

Jetzt nicht dem Chef ins Wort fallen und losbrüllen, nur um der Erste zu sein, der antwortet, sondern warten, ob einer der Kollegen etwas beitragen möchte. Dann erst (ja, man kann auch als Zweiter das Wort ergreifen …), wenn der Kollege geendet hat (das erkennt man an einem Sekundenbruchteil des Schweigens), sollten Sie Ihren Senf dazugeben.

> *Deutscher: «Damit habe ich mich schon einmal befasst, das könnte ich gerne übernehmen.»*
> *Chef: «Gut, dann mach du das.»*
> *Deutscher: «Okay, danke, wird gemacht. Du hast die Ergebnisse morgen früh.»*

Falsch. Mit einem solchen Tempo diffamieren Sie Ihre Schweizer Kollegen, die vielleicht selbst für kleinere Aufgaben einen Tag länger benötigen. (Die Ergebnisse sind dann allerdings nicht halbgar, sondern wurden zweimal von allen Seiten geprüft.) Achten Sie darauf, das Durchschnittstempo Ihrer Abteilung nicht zu beschleunigen, sonst machen Sie sich in der gleichen Geschwindigkeit unbeliebt. Also besser so:

> *Deutscher: «Gut, kann ich gerne machen. Ich werde euch*
> *dann berichten.»*

Unbedingt die Aussage auch an die anderen adressieren und nicht nur an den Chef. Alles andere wirkt ziemlich anbiedernd. Und die Deutschen haben in der Schweiz sowieso den Ruf, sich bei ihren Vorgesetzten einzuschmeicheln und ihr Fähnlein nach dem Wind zu hängen. Angeblich nennt man die Deutschen auch gerne mal «Gummihälse» oder «Radfahrer» (nach oben buckeln, nach unten treten) – was aber selbstverständlich nur hinter dem Rücken der Betroffenen geschieht.

Exkurs: Des Schweizers Suggestiv-Befehl

Es ist ja so gar nicht die eidgenössische Art, von jemandem etwas direkt zu verlangen oder zu fordern (siehe auch S. 114ff., «Die Schweizer sind … verklemmt») – selbst dann nicht, wenn man den anderen für gewöhnlich dafür bezahlt (Buchhalter, IT-Service, Assistentin). Der Schweizer hat nun einen sehr subtilen Weg gefunden, ihm rechtmäßig zustehende (Dienst-)Leistungen einzufordern: den «Suggestiv-Befehl».

Statt dem Buchhalter zu sagen:

> *«Du, in fünf Tagen muss ich die Steuererklärung nun end-*
> *gültig abgeben, wir hatten Fristverlängerung beantragt,*
> *du erinnerst dich? Ich muss heute aber für zwei Wochen*
> *ins Ausland, also musst du das nun alleine erledigen. Die*
> *Erklärung muss fristgerecht fertig werden, sonst bekomme*
> *ich richtig Ärger. Du weißt ja, wo in meinem Büro die*
> *Unterlagen liegen.»*

fragt der Schweizer vorsichtig an:

> *«Du, in fünf Tagen muss ich die Steuererklärung nun end-*
> *gültig abgeben, wir hatten Fristverlängerung bean-*

> *tragt, Du erinnerst Dich? Ich muss heute aber für zwei*
> *Wochen ins Ausland.* **Wie machen wir das?**»

Statt dem Buchhalter also den Befehl zu erteilen, nun endlich die vermaledeite Steuererklärung abzuschließen, gibt er ihm mit dem Suggestiv-Befehl die Chance, von sich aus mit dem selbstlosen Vorschlag zu kommen, dass er sich ja auch allein darum kümmern könnte. So wird das Ziel in beiderseitigem Konsens erreicht. Alle Beteiligten konnten ihr Gesicht wahren (siehe auch S. 112ff., «Die Schweizer sind … konsenssüchtig»).

Diese ablehnende Haltung gegenüber allem, was nach Befehl klingt, ist vermutlich geschichtlich bedingt und den Habsburgern zu verdanken, die den Eidgenossen einst Befehle erteilen wollten und damit auch nicht sehr weit gekommen sind (siehe auch S. 91ff., «Kleine Geschichtskunde»). Man könnte es heute aber schon als helvetische Überempfindlichkeit interpretieren, da alles, was nicht mindestens einen Konjunktiv und ein- bis dreimal das Wörtchen «bitte» enthält, prompt als Befehl empfunden wird. Selbst unter Freunden ist das so. Während in Deutschland niemand Böses dabei denkt, dem Mitbewohner durch das ganze Haus zuzurufen:

> «*Michi, gehste mal an die Haustür, da will einer was von*
> *dir!*».

ist eine solche Formulierung bereits ein Affront für einen Schweizer Mitbewohner – weil im Befehlston formuliert. Es hätte so besser geklungen:

> «*Michi, dörf i churz störe? Chönntsch nöd schnell ine gaa,*
> *wändt wetsch so lieb si? Dine warted dini Fründe Reto*
> *und Ursi uf dich. Ich glaub, sie hätted gärn, dass du ihne*
> *s'Huus emal zeigsch.*»

Auch in der engen Beziehung zweier Liebender sind germanisch geprägte Kurzhinweise eher ungewöhnlich. So etwas wie

«Schatz, Telefon!»

ins Wohnzimmer zu rufen ist für Schweizer Verhältnisse doch eher höchst ungewöhnlich. Da müsste es in etwa heißen:

«Du, Daniela, chunsch bis so guet schnell as Telefon, da isch öpper, wo nach dir gfrögt hät.»

Fäkalsprache

In Deutschland dreht sich kein Fräulein Rottenmeier mehr um, wenn jemand laut «Scheiße» flucht oder einen Mitmenschen der eher unangenehmen Sorte auch schon mal als «Arschloch» bezeichnet. Dieses Recht auf Seelenreinigung mittels unflätiger Äußerungen ist nicht nur mehr oder weniger zum normalen – oder zumindest tolerierten – Sprachgebrauch mutiert, es ist in Deutschland im Allgemeinen auch Frauen gestattet, sich hin und wieder auf diese Art den Unmut von der Seele zu fluchen.

Dies sollten Sie sich schnellstens abgewöhnen, wenn Sie in die Schweiz übersiedeln. Oben genannte Kraftausdrücke sind hier gesellschaftlich nicht toleriert. Einen Seufzer gen Himmel auszustoßen oder Kosenamen wie «Dummbatz» oder «Blödmann» auszusprechen ist gerade noch hinnehmbar. Aber so richtig seinen Ärger über dieses arrogante «A-loch» von Auftraggeber loszuwerden – das liegt in der Schweiz nicht drin, schon gar nicht in der Semi-Öffentlichkeit moderner Großraumbüros.

Das Maximum eidgenössischer Fluchgefühle sind Formulierungen wie «Huere Schießdreck» oder «Dammi Siech», was im Vergleich zum deutschen «Verdammte Scheiße» immer noch ganz nett klingt. Darüber hinaus wird sämtlicher

Unmut bitte in anständiger und höflicher Art und Weise ge-
äussert (siehe auch S. 109ff., «Die Schweizer sind … gefährlich»).

Als Chef oder Chefin

Der entscheidende Unterschied zwischen einem deutschen
und einem schweizerischen Vorgesetzten besteht in der Art
und Weise, wie Entscheidungen getroffen werden. Während
ein Schweizer Chef seine Mitarbeitenden in den Entschei-
dungsprozess mit einbezieht (siehe auch S. 112ff., «Die Schweizer sind … konsenssüchtig»), will ein deutscher Chef oder eine
deutsche Chefin nicht diskutieren, sondern entscheiden (siehe
auch S. 97ff., «Volksherrschaft versus Kaiserreich»). Denn
schließlich muss er oder sie ja auch die Konsequenzen dieser
Entscheidungen tragen. Und man will sich für seine Entscheidungen auch nicht rechtfertigen – ein Umstand, der einem
Schweizer Vorgesetzten sozusagen im Blut liegt (siehe auch
S. 119 «Die innere Vernehmlassung»). Aus Sicht der Schweizer
Mitarbeitenden ist ein deutscher Chef also herrisch, unkolle-
gial und cholerisch (siehe auch S. 100–107 «Die Deutschen
sind …»).

Letzteres zeigt sich vor allem dann, wenn der deutsche
Chef oder die deutsche Chefin einen Mitarbeiter kritisieren
oder rügen muss. Natürlich sagt auch ein Schweizer Chef
seinen Angestellten notfalls die Meinung und geht kritisch
mit ihnen ins Gericht – nur ganz anders, als ein deutscher
Chef das tun würde. So leitet ein Schweizer Vorgesetzter die
Kritik am Untergebenen zunächst mit etwas Small Talk ein.
Es folgt eine wohlwollende Frage zum Befinden der Familie,
eine lobende Bemerkung über eine kürzlich erledigte Aufgabe – auch wenn das Resultat noch so durchschnittlich war.
Schließlich weist der Chef mit ernsten, väterlich ermahnen-

den Worten darauf hin, dass die jüngste Leistung nicht ganz jenem Niveau entsprochen habe, das man von diesem doch immer so zuverlässigen Mitarbeiter gewohnt sei. Abschließend steht die Frage, wie man diesen Umstand denn nun gemeinsam ändern könnte. Für den Gerüffelten ist klar: Er hat sich einen Riesenfehler geleistet und steht kurz vor der Entlassung. Würde der deutsche Chef diesen Inhalt genau so ausdrücken, wie er es von Siemens, E-on oder der Dresdner Bank her kennt («Mensch, das war ja ein Riesenflop, den Sie sich da geleistet haben, noch so ein Ding und Sie fliegen!»), so müsste er damit rechnen, dass sich der arme Schweizer vor die nächste Straßenbahn wirft, die in der Schweiz natürlich «Tram» heißt.

Beispiel Rüffel I

Der Schweizer Vorgesetzte sucht stets nach einer politisch korrekten Formulierung, die dem Gegenüber auch die Möglichkeit offenhält, das Gesicht zu wahren. Einem deutschen Vorgesetzten ist so etwas indes vollkommen Schnuppe, er kommt erst gar nicht auf den Gedanken, dem anderen eine Chance zur Ehrerhaltung zu lassen. Frei nach dem Motto «Kritik ist Liebe» liebt er im wahrsten Sinne des Wortes leidenschaftlich drauflos. In etwa so:

> «Peter, so kann das nicht weitergehen. Dein Beitrag zum Erfolg des Unternehmens liegt seit einigen Wochen weit unter dem Durchschnitt. Und wir beide wissen, dass du mehr kannst. Also, häng dich in Zukunft wieder mehr rein. Wenn sich deine Leistung nicht markant bessert, kann ich nicht weiter darüber hinwegsehen. Und du weißt, wir steuern wirtschaftlich schwierigen Zeiten entgegen, die vermutlich auch wieder mit einem Arbeitsplatzabbau verbunden sein werden. Also überleg dir gut, wo du in einem halben Jahr stehen willst.»

Aus dem Munde eines Schweizer Vorgesetzten würde sich das eher folgendermaßen anhören:

«Beat, hast du mal ein paar Minuten Zeit für mich? Schrecklich kalt/heiß heute. Wie hält das deine Familie aus? Alle gesund? Deine Kinder freuen sich wohl auch schon aufs Wochenende, wenn sie ihren Papi wieder bei sich haben. Ich weiß ja, du arbeitest manchmal wirklich an deinen Grenzen. Müssen wir halt alle in diesen wirtschaftlich schweren Zeiten. Nun war ich aber doch etwas erstaunt, was kürzlich gelaufen ist. Warst du gesundheitlich angeschlagen oder hast du sonstige Probleme? Passt so gar nicht zu dir. Sonst sind deine Leistungen doch immer gut/hervorragend. Da müssen wir rasch wieder anknüpfen. Wir haben ja auch hohe Erwartungen an dich. Sag es, wenn du meine Hilfe brauchst. Und wenn du dich nicht mehr wohl fühlst bei uns, dann müssen wir einen gemeinsamen Weg finden. Auf meine Unterstützung kannst du jedenfalls immer zählen.»

Die Aussage ist in beiden Fällen dieselbe. Es handelte sich jeweils um die letzte Warnung. Beim nächsten groben Fehler droht wohl unweigerlich die Entlassung aus dem Arbeitsverhältnis.

Richtig tragisch wird es, wenn ein deutscher Vorgesetzter an seinen Schweizer Mitarbeitern Kritik üben will oder muss. Selbst wenn er dann für seine Verhältnisse milde Worte wählt, können diese bei den Schweizer Mitarbeitenden noch immer zu höchster Verunsicherung, schlaflosen Nächten, Arbeitseinsätzen bis an den Rand der Erschöpfung oder zur sofortigen Kündigung führen. Am besten ist es, wenn der deutsche Chef in einer Schweizer Firma solche notwendigen Rüffel an seinen (Schweizer) Stellvertreter delegiert oder sich Rat von der (Schweizer) Assistentin holt. Oder dieser Chef beachtet hier vorgestellte Vorgehensweisen und Formulierungen.

Umgekehrt kann die unterschiedliche Kommunikation ebenfalls tragische Folgen nach sich ziehen, wenn nämlich der Angestellte deutscher Herkunft ist. Er könnte die vermeintlich klare Botschaft seines Schweizer Chefs völlig missverstehen. Er fühlt sich nach der obigen Standpauke vielleicht sogar noch bestärkt, so nach dem Motto: «Der Chef war ja ganz freundlich, hat sich sogar nach meiner Familie erkundigt. Grundsätzlich scheint er meine Leistung ja wirklich zu schätzen. Na ja, was da letztens gelaufen ist, war wirklich ein bisschen dumm – nur gut, dass er mir das nicht übelnimmt. Er fragt sogar, ob ich mich gesundheitlich und im Betrieb wohl fühle. Da ist ja zum Glück nichts, ich bin fit und die Firma ist auch in Ordnung. Also was soll's. Da kann ich mich doch weiterhin gemütlich einrichten ...» Wie gründlich man sich missverstanden hat, zeigt sich spätestens beim nächsten (Kündigungs-)Gespräch mit dem Chef.

Beispiel Rüffel II

Nun zum Thema: Schweizer Chef rügt deutschen Angestellten. Dieser zeichnet sich nicht unbedingt durch einen übermäßigen Arbeitseinsatz aus, hat Termine platzen lassen und ist insgesamt kein großer Hecht am Arbeitsplatz.

«Guete Morge, Peter, nimm bitte Platz.»

«Guten Morgen, Meinrad.»

«Wie kommst du mit dem Projekt Neuorganisation des Vertriebs voran?»

Vorsicht, die Lage scheint wirklich ernst zu sein, die Stimmung könnte kaum schlechter sein. Der Chef sagt nichts Nettes vorweg, erkundigt sich nicht, wie es Peter und seiner Familie geht, ob er sich schon gut eingelebt hat oder Ähnliches! Geschweige denn, dass er ihm einen Kaffee anbietet ...

> «*Nun, es geht so. Es haben sich einige Schwierigkeiten ergeben, aber im Großen und Ganzen läuft alles im Zeitplan.*»
> «*Gut. Wir brauchen unbedingt verlässliche Ergebnisse. Und zwar so schnell wie möglich.*»

Oha. Wenn er verlässliche Ergebnisse fordert, heißt das, dass andere, zuvor von Peter gelieferte Ergebnisse keinesfalls verlässlich gewesen sind. Und «so schnell wie möglich» bedeutet wohl, dass man bislang immer zu lang auf Peters Berichte hat warten müssen …

> «*Aber klar, wirst du bekommen, wie üblich.*»

Er hat nichts gemerkt, sondern nimmt die Aussage des Chefs als Aufmunterung, frisch und motiviert ans Werk zu gehen.

> «*Okay, ich verlass mich darauf.*»

Heißt so viel wie: Wenn das auch nichts wird, muss ich die Konsequenzen ziehen, und du kannst dir einen neuen Job suchen.

> «*Aber sicher, das kannst du in jedem Fall.*»

Peter wundert sich beim Verlassen des Büros, warum der Chef ihn überhaupt zu sich gerufen hat. Na ja, wahrscheinlich, um ihm deutlich zu machen, wie wichtig seine Arbeit ist …

Weibliche deutsche Vorgesetzte
Eine ganz besonders große Herausforderung ist es für den durchschnittlichen Schweizer Mann, wenn er nach 15 Jahren als stellvertretender Geschäftsführer nach Abdankung des Chefs nicht selbst Chef wird, sondern eine junge, dynamische, direkte, fordernde, frisch aus Deutschland importierte, 1,80 Meter große Frau vor die Nase gesetzt bekommt. Nicht

nur, weil die Schweiz in Sachen weibliche Führungskräfte im hinteren Drittel der europäischen Rangliste notiert. In Deutschland sind es ein wenig mehr. Nicht berauschend viele mehr, aber immerhin. Und das Gerücht, dass man als Frau in Führungspositionen mehr Mann sein muss als mancher Geschlechtsgegner, stimmt leider nur allzu oft. Was zur Folge hat, dass die deutschen Frauen, die in die Schweiz auf Führungspositionen geholt werden, für die Eidgenossen oftmals noch schwerer zu ertragen sind, als es die deutschen Männer eh schon sind. Weil einerseits die Erwartungshaltung der Schweizer Männer an das Verhalten einer Frau noch eher dem traditionellen Rollenverständnis entspricht und andererseits die weibliche deutsche Führungskraft noch ein größeres Alpha-Tierchen sein kann als manch männliche deutsche Führungskraft.

Beim Small Talk

Egal ob beim Geschäftsapéro, auf der Hochzeit eines Arbeitskollegen oder beim 60. Geburtstag der Schweizer Schwiegermutter: Als Deutscher im Kreise der geladenen Gäste werden Sie früher oder später immer das Thema sein, ob Sie wollen oder nicht. Denn auch, wenn Sie bereits seit Jahren und Jahrzehnten auf eidgenössischem Boden leben und es Sie seit vielen Jahren ermüdet, über das Verhältnis zwischen Deutschen und Schweizern zu reden, weil Sie wissen, dass Sie mit jeder Äußerung am Ende doch wieder irgendjemandem auf die Füße treten, werden Sie trotzdem mit der Frage «überrascht»:

«Und, wie gefällt es Ihnen in der Schweiz?»

Vorsicht, wenn Sie jetzt antworten:

> «Na ja, es geht so …»
>
> «Nun, eigentlich ganz gut …»
>
> «Ganz gut, auch wenn's nicht immer einfach ist …»

Diese leichte Kritik andeutenden Antworten werden sofortige Nachfragen provozieren. Warum? Was denn nicht in Ordnung sei? Wo es denn klemmt? Was denn nicht immer einfach sei, usw.? Kritik an der Schweiz, den Schweizern, dem Leben hier hört man nicht gern. Während es für die Deutschen vollkommen normal und angebracht ist, über das eigene Land, seine Bewohner und die dort herrschenden Zustände zu lästern (kritisch zu reden!), ist das in der Schweiz vollkommen unüblich (und wenn schon, dann ist es nur das ureigenste Recht der Alteingesessenen). Schließlich ist es das erstrebenswerteste Glück überhaupt, in der Schweiz leben zu dürfen. Allein dafür müssten alle Zugezogenen täglich dankbar sein – auch ohne Integration oder irgendwelche Rechte. Das Duldungsrecht allein ist schon unbezahlbar.

So sehen das jedenfalls insgeheim viele Schweizerinnen und Schweizer. Manche sagen es öffentlich (Christoph Blocher und seine Parteianhänger), manche nur hinter vorgehaltener Hand, und manche denken es nur. Daher sei den Deutschen, die hier länger leben und Freunde finden wollen, geraten, bei der Beantwortung verfänglicher Fragen immer der Höflichkeit den Vortritt zu gewähren. Und wenn man Kritik äußert, dann nur versteckt in Witz, Ironie oder Lob. Doch auch hier gilt: Vorsicht! Denn der Humor ist ein völlig anderer als der deutsche (siehe auch S. 117ff., «Die Schweizer sind … langsam») und Ironie sowieso ein schwieriges Unterfangen. Auf Lob reagieren die Eidgenossen aus irgendeinem unerfindlichen Grund allerdings auch allergisch (siehe S. 112ff., «Die Schweizer sind … konsenssüchtig»). Also bleibt man besser bei der Höflichkeit und schickt nötigenfalls die Wahrheit mal ganz kurz in die Ferien:

> *«Und, wie gefällt es Ihnen bei uns in der Schweiz?»*
> *«Oh, sehr gut. Es ist ein wunderschönes Land, mit einer*
> *sehr hohen Lebensqualität. Und natürlich die Berge, ich*
> *liebe die Berge.»*

Da die Schweizer ihre Berge über alles lieben und wahnsinnig stolz auf sie sind, können Sie mit diesem Bekenntnis wirklich punkten. Es kann aber auch nach hinten losgehen, wenn betreffender Schweizer sich nun denkt:

> *«O je, noch eine Deutsche mehr auf den Wanderwegen*
> *in den Bergen».*

Als Thema für den Small Talk eignet sich das Wandern meist sehr gut. Es gibt kaum einen Schweizer, der nicht gerne wandern geht und schon als Kind jedes Wochenende mit den Eltern in den Bergen verbringen durfte (oder musste). Lassen Sie sich von den Schweizern Tipps geben und Wanderrouten empfehlen. Es gefällt den meisten Eidgenossen, wenn sie über die Schönheit der Berge referieren können und Ihnen als Deutscher oder Deutschem damit etwas vermitteln können, von dem Sie nun wirklich keine Ahnung haben.

Ausgehen

Sollte Sie jemals jemand mit folgenden Worten freundlich auffordern,

> *«Hey, wir sollten mal zusammen in den Ausgang ge-*
> *hen!»,*

verlangt er oder sie kein geheimes Zweiergespräch im abgedunkelten Eingangsbereich des Bürogebäudes oder ein Treffen in der anonymen Hotellobby. Nein, vielmehr ist das eine Absichtserklärung (unverbindlich), irgendwann in der näheren Zukunft abends gemeinsam auszugehen und ein Bierchen oder einen Prosecco zu trinken oder ins Kino zu gehen. In Deutschland «geht man aus», in der Schweiz geht man «in den Ausgang». Diese Ausdruckweise wurzelt in der Militärsprache, wo die Rekruten und andere zum Dienst verknurrte Männer an den freien Abenden Ausgang haben. Und weil das Militär eine so besondere Rolle in der Schweiz spielt, hat sich der Rest der Bevölkerung solidarisch erklärt und geht ebenfalls in den Ausgang.

Dabei verhält man sich zwar nicht immer militärisch korrekt – aber fast. Deutsche Kneipenregeln wirken in der Regel kontraproduktiv. Die Zeichensprache (Zeigefinger deutet auf leeres, vor einem stehendes Bierglas) wird partout nicht verstanden, ebenso wenig wie die schlichte Parole «Hey, machste (bringste) mir noch eins?!». Es spielt gar keine Rolle, ob der Barmann oder die Kellnerin (oder umgekehrt) die Zeichen und Parolen nicht sehen will oder nicht sehen kann, deren Bedeutung nicht verstehen will oder nicht verstehen kann – wenn Sie keinen anderen Ton anschlagen, wird es an diesem Abend in diesem Lokal schwer werden, sich auch nur einen mittleren Schwips anzutrinken, um all die erlittene Schmach (oder die Erfolge?) des zwölfstündigen Arbeitstages hinunterzuspülen. Also halten Sie sich im Zaume.

Sonst laufen Sie Gefahr, ein weiteres Vorurteil zu bestätigen und in ein – in eidgenössischen Augen – unmögliches Verhaltensmuster zu verfallen: den grölenden (die gackernden) Deutschen zu geben, der den ganzen Barbetrieb unterhält, obwohl das keiner der anwesenden Gäste so gewollt oder bestellt hätte (siehe auch S. 101, «Die Deutschen sind … großschnäuzig»). Auch hier: Etwas mehr helvetische Zurückhaltung bitte. Nehmen wir folgendes Beispiel:

Drei Frauen sind zusammen «im Ausgang», zwei deutsche und eine mutige Papierlischweizerin (= deutsche Herkunft,

Schweizer Pass). Sie haben etwas zu feiern, dürsten nach ausgelassener Feierabendstimmung und würden auch über den dümmsten Witz lachen. In einer In-Bar in Zürich, die schon lange keine mehr ist, was aber weder die Barbetreiber noch die Besucherinnen bislang gemerkt haben. Das ist kein Wunder, da die angesagten Lokale in Zürich quasi wöchentlich wechseln, damit ja keine Bauerntrampel aus der Agglo (= Agglomeration) sie ausfindig machen. Denn es ist für einen typischen Stadt-Zürcher ganz und gar nicht hipp, mit Aargauern an einem Tisch oder nur schon in einer Bar zu sitzen. Es ist in Zürich auch ohne diese Menschen schon schwer genug, in zu sein … (siehe auch S. 161ff., Die Zürcher und S. 170ff., Die Aargauer).

Jedenfalls hat eine der drei (nicht aus der Agglo stammenden) Damen einen neuen Job zu feiern, bei dem die zwei anderen mit ihrem Netzwerk (ohne Vitamin B läuft in der Schweiz gar nichts) behilflich waren. Daher sind sie selbstverständlich eingeladen – und dementsprechend hungrig und durstig. Der Stehtisch in der Mitte des Lokals war zwar für sie reserviert, ist aber durch ein fremdes Pärchen besetzt. Eine der Deutschen will das natürlich sofort klarstellen. Aber sie sollte die einleitende «Entschuldigung» (in der Schweiz entschuldigt man sich auch dann, wenn man nicht selbst, sondern andere etwas verbockt haben; siehe auch S. 109ff., «Die Schweizer sind … gefährlich») nicht vergessen. Also, die Okkupation statt mit

«N'abend, der Tisch hier war wohl für uns reserviert»

besser mit

«T'schuldigung, aber könnte es sein, dass dieser Tisch für uns reserviert ist?»

beenden.
(Siehe S. 58, «Der Schweizer Bedürfnis-Konjunktiv».)

Schwierig ist es auch, in einem Zürcher «In-Lokal» den Kellner dahin zu bekommen, dass er sich dazu herablässt, eine Bestellung aufzunehmen. Dieses bei steigender Gästezahl immer schwierigere Unterfangen erfordert Fingerspitzengefühl. Wer hier in deutscher Manier

«*Hey, Kellner, wir wollen mal bestellen!*»

winkend durch den Barraum brüllt, der wird an diesem Abend extra lange hungrig und durstig bleiben. Auch wenn man nach 15 Minuten erfolglosen Wartens, Zuzwinkerns und gequälten Blickes am liebsten das leere Weinglas aus der letzten Ecke des nur 40 Quadratmeter großen Gastraums in das Glasregal hinter der Theke des Lokals pfeffern würde, gilt es, Ruhe zu bewahren. Es geziemt sich vielmehr, genau das Gegenteil der inneren Gefühlsregung zum Ausdruck zu bringen. Man muss irgendwie so tun, als würde man gar nicht auf den Kellner warten, sondern als sei man auch so glücklich, schon allein aufgrund der Tatsache, dass man in diesem coolen Lokal unter all den schönen Menschen im Warmen sitzen darf. Wer braucht da überhaupt noch etwas zu trinken oder zu beißen? Sobald man einen zufriedenen und vor allem gleichgültigen Gesichtsausdruck hat, wird sich ganz bestimmt ein Kellner nähern.

Die nächsten Fallstricke für in Deutschland sozialisierte Mitmenschen verstecken sich in der Speise und Getränkekarte, meist in der Spalte ganz rechts, der mit den Preisen.

«*Mann, wat is dat teuer hier*»

bringt keinerlei Sympathiepunkte ein. Denn erstens müssen auch die Schweizer solche Preise zahlen und wissen selbst, dass 12 Franken für eine Flasche Bier oder 23 Franken für ein Glas Champagner eine absolute Frechheit sind, und zweitens redet man einfach nicht über Geld (siehe auch S. 161 ff., Die

Zürcher), sondern man hat es. Sonst wäre man ja wohl erst gar nicht in dieses Lokal gekommen.

Es bringt auch rein gar nichts und ist vollkommen daneben, wenn man sich in deutscher Manier über die bescheidene Übersichtlichkeit der Apéro-Platte für unbescheidene 52 Franken beschwert. Aber angesichts der überschaubaren Menge des Fingerfood und der niedrigen Frequenz, in welcher der Kellner am begehrten Stehtisch erscheint, noch zwei weitere Platten auf Vorrat zu bestellen – damit würde man sich endgültig als (deutscher) Prolet outen. Der Kellner würde sich insgeheim fragen, warum diese Leute nicht in die Bierhalle Wolf gegangen sind, um dort Jägerschnitzel mit Pommes zu essen.

Tresengespräche und Restaurantbesuche

In Deutschland ist jeder Barmann, der dort schlicht «Wirt» oder «Kneipier» heißt, ungewollt und ungefragt Freund eines jeden, vor allem eines jeden einsamen Gastes. Und er ist auch der Psychotherapeut eines jeden, vor allem eines jeden Stammgastes. In der Schweiz ist der Barmann jemand, der seinen Gästen überteuerte Getränke verkaufen muss, weil er seinem Verpächter einen überteuerten Pachtzins zu zahlen hat.

Diese grundsätzlich völlig andere Rolle und das völlig andere Selbstverständnis der Barmänner verursacht bei den deutschen Gästen natürlich einige Verwirrung. Denn selbstredend will der deutsche Gast seinen täglichen Ärger, den er in der Schweizer Firma bewältigen muss, bei dem Wirt in der Quartierkneipe in Zürich, Bern oder Zug ebenso abladen wie am Tresen in Braunschweig, Dresden oder Bamberg (siehe auch S. 105 ff., «Die Deutschen sind … aufdringlich»). Ebenso selbstverständlich erwartet die deutsche Karrierefrau in ihrem Stammlokal in der Zürcher Szene, dass man sich dort nach zwei Wochen ihres Fernbleibens nach dem Grund dieses Fernbleibens erkundigt. Ja, sie erwartet, dass man ihr interessiert zuhört. Was hat sie im Moment nicht alles um die Ohren und was muss sie nicht alles entscheiden (Kugelschreiber aus Plastik oder Metall als Dankeschön für die weniger wichtigen Kunden der Bank). Dann erkundigt sie sich etwas aufgesetzt nach dem Wohlbefinden des Barchefs, der ja auch sehr blass aussieht.

Solcherart begonnene Dialoge in der Schweizer Barlandschaft werden meistens recht einseitig ablaufen – es sei denn, die Deutschen haben ein Lokal unter deutscher Leitung oder mit deutscher Bedienung gefunden und auserkoren. Anderenfalls werden die Antworten des Bier verkaufenden Schweizers sehr karg ausfallen. Dem Schweizer Barmann oder der Bardame sind persönliche Offenbarungen der Gäste eher unangenehm, da man sich ja allein schon durchs Zuhören irgendwie in die inneren Angelegenheiten der Gäste einmischt. Zudem interessiert es sie herzlich wenig, was der deutsche Gast da so aus seinem persönlichen Erfahrungsschatz preisgibt. Insofern fallen die Antworten des unfreiwilligen Therapeuten meist kurz und sehr sachlich aus. Auch wird sich kein anderer an der Theke sitzender Gast mit guten Ratschlägen in das Gespräch einmischen. Manchem Deutschen wird es indes kaum auffallen, dass niemand auf sein – eigentlich ja sowieso als Monolog angelegtes Therapiegespräch – antwortet. Zumindest dann haben sich die 6 oder 7 Franken pro Bier ja gelohnt.

Niemals die Teller zusammenschieben
Als ähnliche Einmischung in innere Angelegenheiten kann Ihnen Ihre als freundliche Geste gedachte Mithilfe im Restaurant ausgelegt werden. Was als höfliches Entgegenkommen Ihrerseits gedacht war, kommt bei einem Schweizer Kellner ganz schnell als Vorwurf an: das eigenmächtige Zusammenstellen der schmutzigen Teller nach Beendigung

der Mahlzeit. Er interpretiert Ihr Vorpreschen keineswegs als freundliches Entgegenkommen und hilfreiche Geste – nein, er empfindet das entweder als Vorwurf, dass es so lange gedauert hat, bis er zum Abräumen gekommen ist, oder als Vorschrift, auf welche Art und Weise er die Teller und Tassen zusammenstellen und abtragen soll. Also grundsätzlich als Affront und eine unerwünschte Einmischung in die Erledigung seiner Arbeit. Also lassen Sie um Himmels willen das schmutzige Geschirr auf dem Tisch stehen, wie es ist.

In der Küche

In den meisten Kulturen dieser Erde gilt es als äußerst unhöflich, als Gast das dargebotene Essen zu verschmähen. Nun könnte man meinen, dass die deutsche und die schweizerische Küche nicht allzu viel trennt und es daher kaum Anlass für Irritationen gibt.

Dem ist nicht so. Denn wer schon einmal eine Portion Vermicelles (mit Zucker und Butter zu Spaghetti-Würmchen gepresste Maronen) herunterwürgen musste oder starr vor Schreck vor einem Teller Kutteln (in Streifen geschnittener Vormagen von Wiederkäuern) saß, kennt die unterschiedlichen Gaumenfreuden. Aber das ist ja bekanntlich Geschmackssache und wird daher hier nicht vertieft. (Es soll ja auch Schweizer geben, die keinen, in welcher Form auch immer geschmolzenen Käse mögen.)

Die Schweizer denken über die deutsche Küche grundsätzlich nichts Gutes. Nun ist es in der Tat so, dass man in der Schweiz auch in der hinterletzten Dorfschänke noch ein anständiges Essen und den immer gleich aussehenden Salatteller serviert bekommt. Hingegen gehört in Deutschland schon eine größere Portion Glück dazu, in einer Dorfkneipe oder an einer Autobahnraststätte ein halbwegs genießbares Gericht zu ergattern. (Dafür ist es auch nur halb so teuer wie in der Schweiz.) Doch daraus den Schluss zu ziehen, die deutsche Küche sei generell ungenießbar, wäre ein vorschnelles Urteil und ignoriert kulinarische Errungenschaften wie Hamburger Tafelspitz, Rheinischen Sauerbraten, Königsberger Klopse oder Thüringer Rostbratwürste. Schweizer denken bei der deutschen Küche aber primär an in Sahnesoße ertränkte Jägerschnitzel mit Pommes.

Dass der Deutsche zu allen erdenklichen Pastavariationen schlicht «Nudeln» sagt, rückt ihn kaum in ein kulinarisch kompetenteres Licht. Spaghetti werden hierzulande nun mal nicht als Nudeln bezeichnet. Und auch alle anderen Produkte aus dem begehrten Hartweizengrieß werden nach ihrer äußeren Form, beispielsweise Cannelloni (dicke Rollen), Farfalle (Schmetterlinge), Fettuccine (schmale Bandnudeln), Fusilli (spiralenförmige Teigwaren), Maccheroni (lange Hohlnudeln), Penne (schräg abgeschnittene Röhren), Pappardelle (breite Bandnudeln), Tagliatelle (Bandnudeln) differenziert und keinesfalls unter dem schmucklosen Oberbegriff «Nudeln» subsumiert. Wenn Sie schon verallgemeinern müssen, weil Sie in der italienischen Küchengeometrie nicht so bewandert sind, dann reden Sie wenigstens von «Pasta», das geht noch gerade so durch.

Die Mahlzeiten

Als Ausdruck der Schweizer Pedanterie (siehe auch S. 120ff., «Die Schweizer sind … kleinkariert») könnten auch die Bezeichnungen der Mahlzeiten gewertet werden. Während in Deutschland je nach Stadt und gesellschaftlichem Status ein Frühstück durchaus noch mittags um 14.00 Uhr eingenommen werden kann und deshalb einfach nur Früh-Stück heißt (was nun früh oder spät ist, kann ja jeder für sich selbst klären), ist diese Mahlzeit in der Schweiz ganz klar auf den Morgen eines jeden Tages beschränkt und heißt deshalb auch ganz funktionalistisch «Morgenessen». Da dies unter Umständen, wenn man wegen der Kinder in das Reihenhaus vor den Toren der Stadt gezogen ist, aber morgens vor Arbeitsbeginn dennoch die gewohnte Stunde auf dem See rudern will, sehr früh am Morgen sein kann, erlaubt sich der Schweizer gegen 9.00 Uhr ein zweites Frühstück, das nach der Uhr getaufte «Znüni». Das Mittagessen heißt analog dazu «Zmittag». Statt zu Kaffee und Kuchen finden sich die Eidgenossen pünktlich um vier Uhr Nachmittags zum «Zvieri» zusammen, bevor sie dann am Abend, pünktlich um 19 Uhr, das «Znacht» einnehmen. Eine sehr einfache und pragmatische Einteilung des Tages, die Zugereisten sofort einleuchten sollte. Jedenfalls bedeutend schneller als die Bezeichnungen der einzelnen Bestandteile dieser Mahlzeiten.

Begriffe aus der Küchenwelt
Wer im Restaurant ein «Schnipo» bestellt, bekommt ein Schnitzel, meist ein Wiener Schnitzel (aber nur aus Schweine- oder Hühnchen- statt aus Kalbfleisch), mit Pommes. Das erweiterte «Schniposa(bi)» ist dann natürlich ein Wiener Schnitzel mit Pommes Frites, Salat und ein Bier. Das «Poulet» ist im Übrigen ein Hühnchen, der Gummiadler ein Hähnchen und der «Mistkratzer» ein sehr junges Hähnchen. Die deutsche Frikadelle heißt entsprechend ihrer Bestandteile in der Schweiz schlicht «Hacktätschli».

In der Gemüseküche wird die Paprika zur Peperoni, die Rote Beete zur Rande und die Möhre zum «Rüebli». Das Baguette heißt seiner Herkunft entsprechend schlicht Pariser Brot und das Hörnchen oder Croissant nennt sich «Gipfeli». Ein Bonbon heißt hierzulande «Zältli», und die Lakritze ist ein wundersam gut schmeckender «Bääredräck». Süßigkeiten werden gemeinhin schlicht und einfach als «Schläckzüüg» bezeichnet. Die deftige, gut bürgerliche Küche nennt sich «währschaft». In der Metzgerei wird die Roulade zum «Fleischvogel», die Lammkeule zum «Gigot», das Suppenfleisch heißt «Siedfleisch» und das Ragout «Voressen».

Einen Produktionsschritt weiter, also am Herd, ergeben sich sogleich die nächsten Probleme. Der Topf wird zur Pfanne und die Bratpfanne auch. Ob nun also ein Topf oder eine Bratpfanne im Betty-Bossi-Rezept gemeint ist, muss man irgendwie aus dem Zusammenhang schließen oder mit Hilfe der Bildchen herausfinden. Betty Bossi ist im Übrigen die wichtigste Frau in helvetischen Küchen. Wenn man wissen will, wie es in Schweizer Töpfen schmeckt, muss man nur die eine kennen: Emmi Creola-Maag erfand in den 1950er-Jahren die fiktive Kochlehrerin Betty Bossi. 1956 wurde die «Betty Bossi Post» als kostenlose Konsumenteninformation (in der Schweiz heißen die Verbraucher etwas vornehmer Konsumenten) herausgegeben. 1972 entstand daraus die «Betty Bossi Fachzeitschrift für modernes Kochen und Haushalten», die seit 1993 nur noch «Betty Bossi» heißt (Auflage 2000: 920 000, deutsch und französisch, hauptsächlich Abonnements). Im Jahre 1973 erschien das erste Kochbuch, jährlich folgten zwei bis drei weitere. Die bis ins abgelegenste Bergdorf verbreiteten Kochbücher und Hefte haben wirklich auch der hinterletzten Bauernmaid das Kochen beigebracht. Mit dem Erfolg, dass ein Salatteller, egal ob Sie ihn in einer «Beiz» in Zürich, Winterthur, auf der Scheidegg, in Bern, Basel oder Freiburg, im Wallis oder im Jura bestellen, immer gleich aussieht.

Bei keiner Mahlzeit fehlen darf des Schweizers Aromat, eine Gewürzmischung mit so vielen Zusatzstoffen, dass keiner mehr so genau weiß, was da eigentlich drin ist oder wonach es eigentlich schmecken sollte. Das Aromat hat quasi eine eigene Identität in Schweizer Küchen entwickelt und gehört nicht nur in jedes Essen, sondern auch auf jeden Restauranttisch, von wo aus es nochmals auf alles Essbare gestreut wird – vom hart gekochten Ei über das Cordon Bleu bis zum Käsefondue. Es soll sogar Schweizer geben, die ihr kleines Döschen Aromat mit in die Ferien ins (Aromat-freie) Ausland nehmen.

In Beziehungskisten

Sehr viele Schweizer heiraten trotz aller Schwierigkeiten und kulturellen Gräben einen deutschen Partner oder eine deutsche Partnerin. Dem voraus geht ja normalerweise eine ziemlich verrückte und unverrückbar schöne Phase der ersten Verliebtheit, bevor dann irgendwann die ganz ernsten Worte «Ich liebe dich» fallen und die Gedanken an eine gemeinsame Zukunft konkreter werden.

Nun, mit einem Schweizer Partner an Ihrer Seite könnte es etwas länger dauern, bis die magischen Worte fallen. In manchen Beziehungen hört man sie auch niemals. Was nicht unbedingt damit zu tun haben muss, dass Ihr Partner Sie tatsächlich nicht aufrichtig liebt, sondern eher damit, dass es auf Schweizerdeutsch unmöglich ist, «Ich liebe dich» zu sagen. Es gibt schlicht kein schweizerdeutsches Wort dafür. Man kann nur «Ich ha di gärn» sagen, was aber auch für ein Kind, Plüschtier oder Schoßhündchen gilt. Ein ernstes «Ich liebe dich» gibt' s nicht, außer in der germanisierten Version von «Ich liäbä dich» – was aber eher nach Seifenoper als nach echter Liebeserklärung tönt.

Was es auf Schweizerdeutsch nicht gibt, fällt folglich vielen Schweizern schwer, auszudrücken. Ein Ausweichen auf andere Sprachen bringt bei einem solch ernsten Thema auch nicht viel. Das englische «I love you» hört sich irgendwie nach Teenager an. Das italienische «Ti amo» klingt leider für die meisten deutschsprachigen Menschen doch zu sehr nach dem Schlagermilieu der Zürcher Langstraße, und mit dem französischen «Je t'aime» assoziiert der durchschnittliche Mitteleuropäer eher eine erfüllte sexuelle Zusammenkunft. Was bleibt, ist das schweizerdeutsche «Ich ha di gärn» und die damit einhergehende Gleichstellung des Partners mit dem Schoßhündchen.

Doch auch diese Hürde nehmen viele binationale Beziehungen auf ihrem Weg vor den Standesbeamten. In den allermeisten Fällen sind es deutsche Frauen, die ihren Schweizer Männern in die Eidgenossenschaft folgen. Die Gründe dafür werden vielfältig sein. Ein Grund könnte sein, dass Frauen – so bestätigen es Untersuchungen – eher ihre Heimat verlassen und die Welt erkunden, was sich insbesondere an Ostdeutschland beobachten lässt. Es gibt allerdings auch einige deutsche Männer, die ihren Schweizer Frauen in die Schweiz gefolgt sind. Oftmals haben diese deutschen Männer deutlich weniger Anpassungsprobleme an die Schweizer Mentalität. Zum einen, weil sie von ihren helvetischen Frauen ausführlichst und bei jeder sich bietenden Gelegenheit instruiert werden, wie sie sich zu verhalten haben. Und wenn mal etwas schiefgeht, werden diese Männer von ihren Frauen umgehend über ihr Fehlverhalten aufgeklärt, damit sie dieses Fettnäpfchen beim nächsten Mal bitte umgehen (und wehe, wenn nicht …).

Zudem haben solcherart deutsche Männer auf eidgenössischem Boden generell etwas weniger Anpassungsprobleme. Viele Herren haben ja grundsätzlich die – nur manchmal als wunderbar zu wertende – Gabe, Zwischen- und Untertöne nicht hören zu können und Stimmungen selten wahrzunehmen. Sie merken also gar nicht, wenn sie gemobbt oder ausgegrenzt werden. Letzteres gelingt gar nicht so ohne Weiteres, da sich ein Deutscher dieses Typus jedem sozialen Event unaufgefordert aufdrängt.

Merkt er also, dass zwei oder drei Kollegen sich für einen Kinoabend verabreden oder seine Arbeitskollegen gemeinsam das Büro verlassen und in den Apéro gehen (= zu einem Feierabendbier) wollen, wird er ihnen ungeniert hinterherrufen:

«Hey, ihr wollt noch auf ein Bier? Prima, wartet mal einen Augenblick, da komm ich mit!»

Und (leider) wird kein Schweizer auf diese Selbsteinladung mit

«Nee, lass mal, wir wollen eigentlich ohne dich gehen»

antworten. Das wäre viel zu direkt und unhöflich, selbst für deutsche Maßstäbe. Dumm daran ist nur, dass der Deutsche, der den Schweizern an diesem Tag auch noch nach Feierabend mit seinen Sprüchen auf den Keks geht, wieder nix dazugelernt hat, sondern sich voll integriert und total wohl fühlt ...

Frauen sind komplizierter
Was die Rolle der deutschen Frau an der Seite ihres schweizerischen Partners in seinem Heimatland angeht, ist das Zwischenmenschliche etwas diffiziler. (Wer hätte das nicht vermutet!) Aber von vorne:

Es mag vielen deutschen Männern höchst antiquiert erscheinen, aber hier in der Schweiz hält man Frauen noch die Tür auf, behandelt sie generell sehr, sehr höflich und fast schon wie etwas Besonderes. Für moderne deutsche Frauen ist es am Anfang nicht immer so ganz einfach, damit umzugehen. Erstaunlicherweise ist diese Höflichkeit gelegentlich der Stoff, aus dem in binationalen Beziehungen Ärger entsteht, wenn die ersten rosaroten Wolken in den Orbit entweichen.

Ein erstes Übel wird sein, dass Ihr Schweizer Partner von Beginn an konsequent Hochdeutsch mit Ihnen reden – auch wenn Sie ihn täglich mehrmals bitten, den Dialekt, den Sie selbstverständlich möglichst schnell lernen wollen, mit Ihnen zu sprechen. Er kann nicht anders, sondern verfällt aus lauter Höflichkeit (siehe auch S. 109ff., «Die Schweizer sind … gefährlich») immer wieder in die Schriftsprache. Anderen Personen, mit denen Sie emotional weniger eng verbunden sind, wird es leichter fallen, mit Ihnen den ortsüblichen Dialekt zu üben.

Ein zweites Übel – aber ein ungleich größeres – ist, dass man mit Schweizer Männern eigentlich nicht richtig streiten kann (siehe auch S. 114ff., «Die Schweizer sind … verklemmt»). Das mag am ständigen Streben des Eidgenossen nach Kompromissen liegen (siehe auch S. 112ff., «Die Schweizer sind … konsenssüchtig»). Dieses Verhalten leben Gesellschaft und Politik seit dem Schwur auf der Rütliwiese den Bürgerinnen und Bürgern vor, das haben sie in ihrer Sozialisation so gelernt. Sie können also gar nicht anders. Anstatt sinnlos rumzubrüllen (was am Ende auch noch die Nachbarn hören könnten) oder gar Geschirr zu schmeißen, werden sie ruhig und ruhiger und versuchen, das aufbrausende weibliche Gegenüber ebenfalls zu beruhigen. Doch sie wird die Einzige bleiben, die sinnlos herumtobt. Er wird versuchen, dass Problem zu erfassen und eine Kompromisslösung auszuarbeiten. Kurzum: Das Ganze endet in einem Desaster.

Impulsiven deutschen Damen fehlt nun mit dem fehlenden Streit ein Glied in der Kette der aufeinanderfolgenden Seinszustände im normalen Zyklus einer Liebesbeziehung (Verliebtheit → Alltag → Ärger → Streit → Versöhnung → großartiger Sex → und dann wieder doll verliebt sein, bis der Alltag allmählich wieder die Oberhand gewinnt und alles von vorne beginnt). Das scheint vielleicht unspektakulär, nimmt aber dramatische Auswirkungen an, wenn Sie anhand obiger Aufzählung einmal bedenken, was alles ausbleibt, weil das Nicht-Ereignis «Streit» die Kette der sich bedingenden

Ereignisse unterbricht. Also suchen Sie Alternativen oder bringen Sie Ihrem Schweizer Partner das Streiten bei (den Rest der Ereigniskette können Sie beide hoffentlich schon).

Schwierig ist auch, dass sämtliche artikulierten Zweifel oder Bedenken an dem einen oder anderen Vorhaben von dem Schweizer Part der Beziehung prompt als Kritik oder Absage empfunden wird. Und zwar noch viel schneller, als das in «normalen» Beziehungen ohnehin der Fall ist. Schwierig ist weiter, dass der männliche Schweizer Part selten sagt, was er wirklich will, und Emotionen schon gar nicht ausdrücken kann (siehe S. 114 ff., «Die Schweizer sind ... verklemmt»). Da dies aber generell eher ein geschlechtertypisches Verhaltensdefizit als ein kulturelles ist, wird dieser Aspekt an dieser Stelle nicht weiter vertieft.

Mit den Nachbarn

Auf der Wohnungssuche lernt der gerade eingereiste Deutsche schnell, dass eine Überbauung so etwas wie eine Siedlung ist und dass unter dem Umschwung der Garten und die anderen Außenanlagen zusammengefasst werden. Er lernt, dass die Eidgenossen ohne eigene Küche umziehen, weil jede Wohnung über eine Einbauküche verfügt, und dass im Keller eine Waschmaschine für alle Mieter steht – und dass der Waschplan leider nur allzu ernst gemeint ist. Dies ist eine sehr wichtige Warnung: Halten Sie sich unter allen Umständen an den Waschplan und die Hausordnung. Die gemeinsam genutzte Waschküche ist das Zentrum aller Konflikte in einem Mehrfamilienhaus mit auf den ersten Blick so netten und toleranten Nachbarn. Ob eine auf der Wäscheleine hängengebliebene Socke, das Nicht-Einhalten des vorgeschriebenen Waschtages, das Waschen nach 22 Uhr abends, das nicht gereinigte Flusensieb des Trockners (der hier «Tumbler» heißt), der verschwundene Waschschlüssel oder die nicht pünktlich erfolgte Freigabe der Waschmaschine – die Liste der Dinge, über die sich Nachbarn aufregen können und werden, ist schier endlos. Beim Thema Waschen versteht wirklich keine Schweizerin und kein Schweizer, ob jung oder alt, ob Stadtmensch oder Landei auch nur ein Fünkchen Spaß.

Sollten Sie indes nach den ersten Erfahrungen mit dem heiligen Waschplan beschließen, in den teuren Apfel zu beißen, dem Ärger aus dem Weg zu gehen und sich eine eigene Waschmaschine in die Wohnung stellen wollen, seien Sie gewarnt! Prüfen Sie den Mietvertrag und die verfügbaren Wasserzu- und abläufe in Ihrer Wohnung. Es kann durchaus sein, dass es Ihnen entweder schlichtweg verboten ist, eine eigene Waschmaschine zu installieren, oder dass es bautechnisch gar nicht möglich ist. Oder beides. In manchen Dingen ist die Schweiz eben sozialistischer als die ehemalige DDR.

Abgesehen vom korrekten Verhalten in der Waschküche bedarf es noch einer Reihe weiterer Anstrengungen, um ein entspanntes Verhältnis zu den Nachbarn aufzubauen. Es reicht sicher nicht, beim Einzug in die neue Wohnung in deutscher Manier einen Zettel an den Hauseingang zu pappen, auf dem man sich für den zugestellten und verschmutzten Hausflur am Tag des Einzugs entschuldigt und eine Einladung zum Tischrücken (= Wohnungseinweihung) zu einem späteren, noch genau zu definierenden Termin in Aussicht stellt. Das wäre für helvetische Maßstäbe viel zu einfach und zu direkt.

In der Schweiz stellt man sich bei den unmittelbaren Nachbarn am besten so schnell wie möglich persönlich vor, idealerweise bereits vor dem Einzug. Natürlich erzählen Sie bei dieser Gelegenheit ein bisschen über sich und Ihren Lebensstil: keine Kinder, keine Hunde, kein Freunde, keine Hausmusik, viel Arbeit, viele Geschäftsreisen – also eigentlich sind Sie eine perfekte Schweizerin, aber unglücklicherweise mit einem deutschen Pass geboren worden.

Selbstverständlich gehört eine keinesfalls ernst gemeinte
Einladung auf eine Tasse Kaffee oder ein Glas Wein zu dieser
ersten Vorstellungsrunde dazu. Keine Sorge, der Schweizer
wird sich überaus höflich für die überaus freundliche Einladung bedanken, aber nie spontan an Ihrer Wohnungstür
klingeln und nach einer Tasse Kaffee verlangen. Dafür braucht
es schon ein bisschen mehr. Beim nächsten zufälligen Treffen
im Treppenflur, in der Waschküche oder im Garten müssen
Sie die Einladung noch mindestens einmal wiederholen.
Aber keine Sorge, auch das wird nicht dazu führen, dass Ihr
Nachbar tatsächlich einen Schritt in Ihre noch nicht ganz
perfekt eingerichtete Wohnung setzt. Allerdings wäre es jetzt
an der Zeit für eine formelle Einladung an die lieben Nachbarn, am besten in Form eines handgeschriebenen Zettels im
Briefkasten «Kleiner Umtrunk zum Einzug … würden uns
sehr freuen … Dienstag, 19.00 Uhr …»). Das alles ginge
natürlich viel einfacher, wenn man sich gleich beim ersten
Mal verabreden würde. Doch so was würden die meisten
Schweizer wohl als aufdringlich empfinden. Und aufdringliche Menschen mag der Schweizer nicht – schon gar nicht als
Nachbarn, schon gar nicht aus dem nördlichen Nachbarland.

Bei den räumlich etwas weiter entfernt lebenden Nachbarn im Haus oder im Haus nebenan reicht es, diese bei der
ersten zufälligen Begegnung im Treppenhaus oder bei den
Garagen anzusprechen und sich selbst vorzustellen (mit Vor-
und Nachnamen – und den Handschlag bitte nicht vergessen!). Im Gespräch lohnt es sich dann, immer wieder zu betonen, wie gut es einem hier in der Straße, in der Stadt, im
Kanton, im Land gefällt (siehe auch S. 124ff., «Die Schweizer sind … neurotisch») und wie überaus sympathisch die
Menschen hier im Haus, im Quartier, in der Stadt sind!

Im Krankenhaus

An kaum einem anderen Arbeitsort zeigt sich die doch sehr unterschiedlich ausgeprägte Hingabe an Hierarchien als im Krankenhaus – pardon, im Spital. Während der Deutsche im Allgemeinen der Obrigkeit einen gewissen Stellenwert einräumt, gleichzeitig aber nicht müde wird, sich über «den Staat» aufzuregen (siehe auch S. 97 ff., «Volksherrschaft versus Kaiserreich»), fehlt dem Schweizer ein solcher Glaube an die Obrigkeit zwar nicht vollständig, aber doch weitgehend. Denn der Eidgenosse sieht sich selbst und die Eidgenossenschaft als Gemeinschaft gleicher und freier Bürger (siehe auch S. 91 ff., «Mythen der Schweizer Historie»).

Ein allgegenwärtiger Ausdruck dieser demokratischen Grundhaltung ist beispielsweise die Duzis-Kultur. Ob Chefredakteur oder Oberarzt – in der Schweiz lassen sich auch die hohen Tiere vom gemeinen Fußvolk duzen. So etwas fiele einem deutschen Chefarzt oder Chefredakteur höchstens ab einem Alkoholpegel von 2 Promille auf dem jährlichen Betriebsfest ein. Selbst dann können Schwester Heidrun oder Pfleger Sebastian sicher sein, dass Thomas am nächsten Tag ganz sicher wieder mit «Herr Doktor Schmidt» angeredet werden will.

Dieser unterschiedliche Umgang mit Untergebenen am Arbeitsplatz lässt für den ersten Auftritt des neuen Arztes aus Deutschland im helvetischen Spital nichts Gutes erahnen. Denn das Hierarchiedenken geht natürlich weiter. Doktor Schmidt ist es nach Jahren als Assistenzarzt in Heidelberg und Hannover gewohnt, vom Oberarzt Anweisungen in knapper Form entgegenzunehmen und möglichst umgehend, selbstständig und sauber auszuführen. Er merkt aber hoffentlich schnell, dass dies in der Schweiz der falsche Weg ist – nicht unbedingt was die Heilung der Patienten angeht, sondern was die Zusammenarbeit mit den Kollegen betrifft. Denn im Schweizer Spital darf der im deutschen Befehlston erzogene und in der Schweiz zum Oberarzt gekürte junge Mann plötzlich keine Befehle erteilen. Denn hier sind es Ärztinnen, Assistenten und Pflegerinnen gleichermaßen gewohnt, dass man sie um eine Dienstleistung bittet, dass man ihnen zuhört und dass man ihre Arbeit wertschätzt. In Schweizer Spitälern wird vorher ausdiskutiert, was alle hinterher tun werden.

Eine ebenso große Umstellung ist für deutsche Pflegefachkräfte, die neuerdings in Schweizer Spitälern ihr Geld verdienen wollen, die Wertschätzung, die sie plötzlich erfahren. Krankenschwestern und Pfleger sind – anders als in Deutschland – keine billigen und willigen Arbeitskräfte, die bis an die Grenzen ihrer Kräfte arbeiten müssen. Sie gelten in der Schweiz als ernst zu nehmende und geschätzte Kolleginnen und Kollegen. Der Oberarzt wird sogar ihre Vornamen kennen, und in vielen Fällen können sie sich auf Kosten des Arbeitgebers weiterbilden. Dazu haben sie jedenfalls in der Schweiz auch die notwendige Zeit. Denn für jemanden, der vorher bis zum Umfallen gedienstet hat, kommt die Arbeit in einem Schweizer Spital wohl eher einem Kuraufenthalt gleich.

Während einer internationalen Fußball-Meisterschaft

Nirgendwo sonst offenbaren sich die Ur-Instinkte gegen die deutsche Invasion so deutlich wie im Volkssport Fußball. Nirgendwo sonst offenbart sich auch, wie schizophren das Verhältnis zum nördlichen Nachbarn eigentlich ist. So verfolgt ein Schweizer Fußballfan wie selbstverständlich die Tabelle der deutschen Fußball-Bundesliga. Und wenn es ein Schweizer Spieler schafft, zum 1. FC Köln, dem Hamburger

SV oder gar zum FC Bayern München geholt zu werden, ist das eine wahre Auszeichnung für den Spieler, seinen bisherigen Schweizer Verein und für die gesamte Schweizer Fußballnation. Aber wehe, die deutsche Nationalmannschaft nimmt auf dem internationalen Rasenparkett Aufstellung. Dann ist der deutsche Fußball nur noch schlecht, Siege sind glücklichen Zufällen zu verdanken, und von den «typischen deutschen Tugenden» wie Kampfstärke und Siegeswille spricht der Schweizer Fußballfan mit einer ungleichen Mischung aus ein wenig Neid und viel Abscheu.

Bei internationalen Turnieren, etwa der EURO 08, welche die Schweiz gemeinsam mit Österreich auszutragen die Ehre hatte, sollten jedenfalls jede und jeder Deutsche darauf vorbereitet sein, dass die ansonsten sehr netten und aufgeschlossenen Büronachbarn und Jogging-Kollegen bei einem Spiel zwischen Deutschland und großen Fussballnationen wie den Färöern, Jamaika oder Papa Neuguinea stets für den Gegner der Deutschen fiebern und diesen auch lauthals unterstützen werden. Jedes deutsche Fortkommen auf dem Rasen wird hingegen – im besten Fall – von lang gezogenen Buhrufen begleitet. Wer jetzt denkt: «Gut, das ist normal bei einem Nachbarland dieser Größe», der wundert sich beim Spiel der Italiener oder Franzosen. Da sind die Schweizer Fans ganz selbstverständlich mehrheitlich für die Nachbarländer mit südländischem Flair.

Zum Glück konnte der Super-GAU verhindert werden, dass nämlich nach dem Wunder von Bern 1954 die Deutschen 2008 in der Schweiz bzw. in Österreich Fußball-Europameister geworden wären.

Zugegeben: Die deutschen Fans sind nicht nur für die Eidgenossen manchmal schwer zu ertragen. Sie sind laut, sie grölen und saufen, sie lassen jeden Hauch eines Gefühls für Neutralität, Zurückhaltung und Anstand vermissen und lassen ihrem Unmut oder ihrer Freude über den jeweiligen

Spielverlauf freien Lauf. Der Schweizer findet das schlicht-weg empörend und schaut neidisch, schweigend und stau-nend zu (siehe auch S. 114ff., «Die Schweizer sind ... ver-klemmt»).

Wenn Sie also einen deutschen Pass haben, ein ausgelas-senes Fußballfest und vielleicht sogar das Endspiel eines in-ternationalen Turniers mit Beteiligung der deutschen Natio-nalmannschaft in einer Menge ebenfalls begeisterter Fans feiern wollen, dann nehmen Sie sich am besten ein paar Tage frei und erleben das Endspiel in ihrem deutschen Heimatort. Sie könnten das Spiel natürlich auch in der Schweiz erleben, sofern die Gruppe Deutscher, mit der Sie das Spiel sehen, groß genug ist und die Ressentiments ebenfalls anwesender Schweizer nicht zu Ihnen durchdringen.

Die Ausgangslage: Flächendeckende Vorurteile

Kleine Geschichtskunde

Mythen der Schweizer Historie

Um das Wesen der Schweizer zu erfassen, ist ein Exkurs in die Vergangenheit erforderlich. Und zwar ziemlich weit zurück bis in die Zeit der Römer, zu Julius Cäsar und seinen Gallischen Kriegen. Cäsar beschreibt in seinen Kriegsmemoiren, wie er unter anderem ein widerspenstiges Volk weit ins heutige Frankreich hinein verfolgte, das es gewagt hatte, seine Stammlande in der heutigen Schweiz ohne Einwilligung der römischen Obrigkeit zu verlassen: die Helvetier. Er jagte ihnen nach, stellte sie bei Bibracte und metzelte den zehntausendköpfigen Tross aus Männern, Frauen und Kindern nieder. Die paar versprengten Überlebenden schickte er dorthin zurück, wo sie hergekommen waren.

Nicht einmal die Tell-Geschichte oder die Legende von der Gründung der Eidgenossenschaft nimmt an den Schweizer Schulen denselben Stellenwert ein wie diese Episode aus der Frühgeschichte des Landes um das Jahr 58 v. Chr. Ganze Generationen von Schulkindern – und keineswegs nur lateingeplagte – hingen an den Lippen ihrer Lehrer, wenn voller Pathos die Zeilen Cäsars rezitiert wurden, der mit Hochachtung von den tapferen Helvetiern berichtet, von denen «kein Einziger eine Wunde im Rücken» davongetragen habe.

Von diesen mutigen Helvetiern leiten sich die Schweizer heute noch ab. Und nicht etwa von den Germanen, die ihnen vergleichsweise unheroisch und barbarisch vorkommen. Helvetia, die Allegorie auf das Land der Helvetier, prangt noch heute auf jedem Frankenstück. Helvetia steht auf den Schweizer Briefmarken. Und für Confoederatio Helvetica steht das CH, das auf jedem Schweizer Auto klebt.

Alles, nur kein Germane sein

Historisch ist das schlicht und ergreifend kompletter Unsinn. Die wenigen heimgekehrten Helvetier, die das Blutbad an der Saône überlebt hatten, gingen zurück in ihrer Heimat im nachrückenden Germanen-Stamm der Alemannen auf. Nicht einmal ein klitzekleines Fünkchen helvetischer DNS lässt sich im Blut der heutigen Schweizer nachweisen. Dennoch käme es keinem aufrechten Eidgenossen in den Sinn, sich als Alemanne oder gar Germane zu bezeichnen. Nur die Westschweizer tun dies mit fast naiver Unbekümmertheit, wenn sie die Deutschschweizer als «germanophone» (deutschsprachig) und deren Territorium als «Suisse alémanique» bezeichnen.

Zufall ist das dennoch nicht, sondern mehr oder weniger bewusste Abgrenzung gegenüber dem übermächtigen Germanien, das die kleine Schweiz stets zu verschlingen drohte. Da kamen solche Mythen gerade recht, waren sie auch noch so falsch. Ebenso wie die Geschichte von Wilhelm Tell, der sich vor Gesslers Hut, dem Symbol der habsburgischen Herrschaft, nicht verbeugen wollte und deshalb verhaftet wurde. Ob um 1291 in der Innerschweiz ein solcher Freiheitsheld wirklich gelebt hat, ist höchst unsicher. Aber dass er den Tyrannen erschoss, ist für einen aufrechten Eidgenossen über jeden Zweifel erhaben. Dass diese Sage eigentlich aus Skandinavien stammt und von Friedrich Schiller (einem Deutschen!) in die Schweiz verlegt wurde, spielt keine Rolle. Hauptsache, diese und viele weitere Schweizer Mythen rufen zu heroischem Mut, Wehrwillen und unbeugsamem Widerstand auf.

Dinge, über die man nicht gerne redet

Weniger ehrenvolle (dafür historisch verbürgte) Episoden aus der Schweizer Geschichte werden dagegen noch heute im Schweizer Schulunterricht bestenfalls gestreift. So finden die «Helvetischen Republik» (1798–1803), ein Staatsgebilde nach französischem Vorbild, das Napoleon Bonaparte der Schweiz aufzwang, oder die katastrophale Niederlage der Eidgenossen bei Marignano (1515) bestenfalls als Randnotiz im Unterricht statt.

Dabei hat gerade diese «Riesenschlacht» zwischen Frankreich, dem Herzogtum Mailand und der Eidgenossenschaft einen weiteren Mythos begründet: sich «nicht in fremde Händel einzumischen», wie es ein paar Jahre zuvor schon der lange Zeit einzige Heilige der Schweiz, Niklaus von Flüe, gepredigt hatte (vor Kurzem wurde auch die Klosterfrau Bernarda Büttler heilig gesprochen). Aus diesem Mythos ist dann die immerwährende Neutralität des Schweizervolkes entstanden. Doch auch dies ist ein Zerrbild der Geschichte, denn die Neutralität ist der Eidgenossenschaft am Wiener Kongress von 1815 nach offizieller Lesart «garantiert» und in der Tat viel eher abverlangt worden – durchaus gegen den Willen vieler damals lebender Schweizer.

Zahllose und meist blutige Religionskriege geistern ebenfalls durch die Schweizer Geschichte. Angefangen bei den Reformationskriegen zu Beginn des 16. Jahrhunderts, die sich über drei Jahrhunderte bis zum Sonderbundskrieg (1847) zwischen den katholischen und den protestantischen Orten fortsetzten und selbst in der zweiten Hälfte des 20. Jahrhunderts noch ihre Nachwirkungen zeigten: Die Abspaltung des französischsprachigen, katholischen Juras vom vorwiegend deutschsprachigen, protestantischen Bern im Jahr 1979 hat mindestens ebenso sehr religiöse wie sprachliche und ökonomische Ursachen. Dennoch ist im Schweizer Geschichtsunterricht vor allem von der – historisch nicht gesicherten – «Kappeler Milchsuppe» die Rede: Die geschwächten und hungrigen Zürcher Protestanten brachten 1529 angeblich ihr Brot an die Front und die ebenso entkräfteten Schwyzer Katholiken die Milch, und prompt saßen sie friedlich beim Essen und vergaßen darob für einige Zeit den Krieg.

Die Farben der Vergangenheit leuchten
Nun hat jedes Volk die Tendenz, die eigene Geschichte zu überhöhen und alles Schlechte und Unehrenhafte auszublenden. Das Problematische daran ist nur, dass die Schweizer einen großen Teil ihrer Identität aus solchen Mythen entlehnen: die Brüderlichkeit selbst unter verfeindeten Eidgenossen (obwohl das Gemetzel weiterging), die erste demokratische Staatsordnung (als ob es keine Griechen gegeben hätte), vier Landessprachen (einige afrikanische Staaten bringen es auf 500), die Wacht am Rhein gegen die Nazis (die sich weniger vor den Schweizer Wehrmännern als vor dem Verlust der letzten «neutralen» Drehscheibe für kriegswichtige Güter fürchteten) und so weiter und so fort.

Was zwar oft falsch, für die eigene Identitätsfindung aber wichtig war, hat allerdings auch seine Schattenseiten: Skepsis gegenüber Neuem und Fremdem, Abkapselung und «Igelmentalität» werden in der politischen Rhetorik der Schweiz zwar negiert. Viel lieber sprechen Unternehmer und Politiker vom innovativen Finanz- und Forschungsplatz Schweiz, von liberaler Offenheit und globalem Denken. Im Grunde seiner Seele ist der Schweizer jedoch ein Bergler geblieben, der sein «Heimetli» (seinen kleinen Bergbauernhof) nur ungern verlässt. Letztlich ein Auserwählter, der im Land, wo Milch und Honig fließt, leben darf und dank Gottes Gnade seit über 100 Jahren von jedem Krieg verschont geblieben ist. «Deus providebit» – Gott wird's schon richten – steht auf dem Rand jedes «Fünflibers» (Fünffrankenstücks).

Berühmt-berüchtigter Kantönligeist

Eine unstatthafte Verallgemeinerung? Vielleicht. Mit Blick nach innen sieht es denn auch ganz anders aus. Da zeigt sich, dass es die Schweizer nicht gibt, möglicherweise noch weniger als die Deutschen. Und auch die Schweiz gibt es nicht erst seit Hirschhorns umstrittenem Pavillon an der Weltausstellung von Sevilla («La Suisse n'existe pas») als solche nicht. Wohl eher gibt es 26 Schweizen – also so viele, wie es Kantone gibt – und vielleicht noch einige mehr. Denn darüber hinaus fühlt sich so manche Region und sogar so manches Dorf nicht einmal seinem Kanton oder dem Bundesstaat so stark verpflichtet wie seiner eigenen Gemeinschaft. Asterix und sein gallisches Dorf lassen grüßen.

Föderalismus nennt sich das, oder etwas weniger vornehm ausgedrückt: Kantönligeist. Das Gefühl, ja die Überzeugung, die Probleme vor der eigenen Haustür ganz allein lösen zu können und deswegen auch niemandem Rechenschaft schuldig zu sein, ist tief verankert. Das hat manchmal etwas Anarchisches und bringt so manche brave Schweizer Familie in arge Nöte, wenn sie ihre engste Umgebung verlassen will: Insbesondere das Schulsystem unterscheidet sich von Kanton zu Kanton und oft sogar von Ort zu Ort massiv. So fördern die einen das Frühfranzösisch, wogegen die andern auf Frühenglisch setzen. Am einen Ort werden die lieben Kleinen auf Mathematik getrimmt, wogegen sie andernorts fast leistungsfrei durch allerlei musische Fächer geschleust werden. Selbst die Einschulung erfolgt je nach Kanton früher oder später, so dass ein Siebenjähriger aus Bern nicht nur Französisch lernen muss, wenn seine Eltern ins benachbarte Waadtland ziehen, sondern es mit Schulkameraden aufnehmen muss, die bereits seit einem Jahr Lesen und Schreiben können.

Auch die Steuersysteme und vor allem die Steuertarife unterscheiden sich von Kanton zu Kanton und von Gemeinde zu Gemeinde, was zu einem sportlichen Wettbewerb um die tiefsten Tarife führt, der für Heimische und Zuwanderer durchaus positive Seiten hat. Selbst die politischen Institutionen funktionieren nicht überall gleich. So wird in vielen Gemeinden und selbst in einigen kleinen Kantonen an einer Versammlung der stimmberechtigten Einwohner über lokale bzw. kantonale Geschäfte debattiert und abgestimmt. Andernorts überlässt man dies dem Parlament und gibt seine Stimme an der Urne ab.

So vielfältig die Systeme, so unterschiedlich und manchmal auch verwirrend die Bezeichnung dieser Institutionen: So nennt sich in der Stadt Bern die Regierung «Gemeinderat», das Parlament heißt «Stadtrat». In Zürich ist es genau umgekehrt. Da wird es auch für einen Schweizer schwierig, umso irritierender ist die Begriffsverwirrung für einen Deutschen: Der Regierungsrat ist in Schweizer Landen kein Beamter, sondern Mitglied einer Kantonsregierung. Der Bundesrat ist nicht die kleine Kammer des Parlaments (die heißt Ständerat), sondern die Landesregierung. Und der Bundeskanzler ist nicht der Regierungschef, sondern der Sekretär bzw. «Stabschef» des Bundesrats.

Der Schweizer Kantönligeist fußt auf dem starken, historisch bedingten Föderalismus und Regionalismus. Die Kultivierung der Vielfalt in der Einheit oder der Einheit trotz der Vielfalt ist das, was die Schweiz als Eidgenossenschaft zusammenhält. Es ist wie im Umgang mit Zwillingen. Die beiden können sich in diesem Moment so heftig streiten, dass man das Gefühl hat, einer der beiden müsse jeden Augenblick dran glauben. Um dem Streit ein Ende zu setzen, mischt man sich ein und gibt dem einen der beiden Recht und kritisiert den anderen. Was passiert? Beide prügeln auf einen ein, frei nach dem Motto «Lass meine Schwester bloß in Ruhe, sonst kriegst du es mit mir zu tun». So ist das auch in der Schweiz. Die Basler mögen die Zürcher verspotten, doch in Weil am

Rhein werden sie sie wie alle anderen Miteidgenossen mit allen Mitteln verteidigen.

Volksherrschaft versus Kaiserreich

Oder von der Eigen- und Fremdbestimmtheit. Viele Antworten auf die Frage nach dem Woher der Mentalitätsunterschiede zwischen Schweizern und Deutschen sind auch oder vor allem in der Staats- und Gesellschaftsgeschichte zu suchen. Die Schweizer Demokratie gilt als die einzige auf der Welt, die mittels eines freiwilligen Machtverzichtes gegründet wurde – in der Tat also ein Sonderfall. Denn es wurde bewusst Souveränität von unten nach oben, vom Volk an die Obrigkeit, abgegeben, was im übrigen Europa nur durch blutige Kriege und Revolutionen erzwungen werden konnte. Doch in der Schweiz geschah dies aus ökonomischem Kalkül und sachlicher Überlegung, frei nach dem Motto «Gemeinsam sind wir stärker». So wollten die drei Gründerkantone ihr Land besser gegen die Bedrohung von außen schützen.

Der Schweizer Staat ist eine Willensnation, die durch den bewussten Souveränitätsverzicht seiner Bürger gegründet wurde. Dieses Staatsverständnis findet noch heute seinen Niederschlag in der direkten Demokratie und dem Föderalismus, der in dieser starken Ausprägung weltweit ebenfalls einzigartig ist. Diese demokratischen Verfahren stellen den Bürger auf eine deutlich höhere Stufe, als wenn sich ein Staat – wie sonst üblich – auf der Unterjochung der Bürger gegründet hat oder aus der Knechtschaft der Monarchie erwachsen ist.

Deutsche hinken 700 Jahre hinterher

Nicht nur vom Staatsverständnis her, sondern auch rein zeitlich gibt es einen großen Unterschied: Die Schweizer Eidgenossenschaft hat sich bereits im Jahre 1291 ein Stück weit vom Heiligen Römischen Reich deutscher Nation losgesagt und einen eigenen Bund zum Schutze ihrer Freiheiten gegründet. Der erste Versuch, Deutschland demokratisch zu regieren, fand erst schlappe 700 Jahre später mit der 1919 gegründeten Weimarer Republik statt und mündete nach nur 14 Jahren demokratischer Versuchszeit in der allseits bekannten Katastrophe der nationalsozialistischen Diktatur.

Gemeinsam mit der zuvor über viele Jahrhunderte andauernden monarchischen Prägung hatte dies jedenfalls zur Folge, dass in Deutschland der Bürger noch heute eher unmündig agiert. Im Falle eines Missstandes – egal welcher Art, sei es Parkplatzsorgen, Umweltschutz, Eigenheimbau, Schulsystem, Altenpflege oder Kinderverwahrung – ruft der deutsche Bürger erst einmal nach «Vater Staat» und sieht primär die Obrigkeit in der Pflicht, den strittigen Umstand mittels Gesetz oder Verordnung zu beheben. Ganz anders in der Schweiz: Hier sucht erst mal jeder Einzelne nach einer Lösung, und erst wenn dies nicht geht, wird das Problem auf Gemeindeebene thematisiert; wenn dort auch keine Lösung gefunden wird, dann vielleicht auf kantonaler Ebene, und erst ganz am Schluss, wenn alle anderen Wege unbegehbar sind, wird vielleicht der Bund in das Problem involviert.

Verantwortung tragen oder abgeben

Kurzum: Der Schweizer ist ein viel mündigerer Bürger, als der Deutsche es je sein wird. Der Deutsche ist noch immer viel zu sehr geprägt vom Dasein als Untertan unter wechselnden Obrigkeiten, die alles für ihn bestimmten, aber auch für alles zuständig waren und dem Bürger somit auf der anderen Seite die Last der Verantwortung abnahmen. Der Schweizer hingegen lebt in einem Staatengebilde, das aufgrund seiner eigenen Entscheidung erst entstanden ist. Die Kehrseite der Medaille zeigt sich ebenso in der Lebensart beider Nationen: Wenn man die Verantwortung größtenteils nach oben abgeben kann und sich als Bürger auf das Jammern und Lamentieren beschränkt, gibt dies dem Dasein vergleichsweise mehr Leichtigkeit, als wenn man als Schweizer Bürger deutlich mehr Verantwortung trägt und übernimmt.

Die Schweizer haben zudem dank der häufigen (manche sagen auch: übertrieben häufigen) Abstimmungen über die Gestaltung des Gemeinwesens viel mehr Mitspracherechte, als es in Deutschland üblich ist. Während in Deutschland auf allen Ebenen des politischen Systems nur Vertreter einer Partei gewählt werden, entscheidet der Schweizer Bürger direkt über Baumaßnahmen, Steuersätze und Schulen in seiner direkten Umgebung. Und obwohl die Wahlbeteiligung bei den meisten Abstimmungen deutlich unter 50 Prozent bleibt, hat doch jeder Bürger zumindest theoretisch das Recht und die Möglichkeit, darüber zu befinden. Macht er jedoch – wie die Mehrheit es tut – von seinem Recht Gebrauch, nicht abzustimmen, so trägt er dafür stumm die Verantwortung, sprich: Er akzeptiert die Entscheidung derjenigen, die abgestimmt haben, ohne großes Murren. Denn er hätte ja mitreden können. Anders als in Deutschland, wo der normale Bürger nicht mitreden und sein gewählter politischer Vertreter seine Meinung und Standpunkte wechseln kann, wie es ihm (oder seiner Fraktion) gefällt. Bis zur nächsten Wiederwahl vergehen ja vier Jahre, und in denen fließt viel Wasser den Rhein hinunter.

Man sieht, alleine bei oberflächlicher Betrachtung der Entstehung und Funktionsweise beider Staatsgebilde könnten die Unterschiede trotz der geografischen Nähe und gemeinsamen Geschichtsepochen kaum größer sein. Dies findet direkten Niederschlag in so manch typischer Verhaltensmanier beider Nationen.

Die Deutschen sind ...

... ignorant

Wenn Deutschland auf Mallorca oder Gran Canaria Urlaub macht, dann ist es für die sonnenhungrigen Mitteleuropäer selbstverständlich, dass die Gastgeber im südeuropäischen Urlaubsland die deutsche Sprache beherrschen, Jägerschnitzel und Bratwurst zubereiten können (und wollen) und deutsche Zeitungen verkaufen. Auf die Idee, dass man als Gast zumindest ein paar Brocken Spanisch lernen könnte, dass auch Tapas lecker schmecken und zwei Wochen im Jahr ohne «Bild-Zeitung» und RTL eine Wohltat sind, kommen die meisten erst gar nicht. Im Gegenteil: Fehlen die erwähnten «Annehmlichkeiten» am Urlaubsort, kommt das Lieblingshobby des Deutschen zum Zug: das Meckern. Gerne geschieht dies lautstark vom Balkon des 300-Betten-Hotelbunkers am Strand aus, gerne auch auf der Uferpromenade in einem Café, das keinen anständigen Filterkaffee anbietet, oder in einem Restaurant, wo das Bier lauwarm serviert wird.

So, wie viele Deutsche in den Ferien aus Palma ganz schnell Pforzheim oder Paderborn machen, merken es viele nicht, dass Baden nicht Baden-Baden ist. Soll heißen: Nur wenige Deutsche, die in die Schweiz kommen, sind sich der kulturellen Unterschiede, der Befindlichkeiten der Einheimischen, der vorherrschenden Mentalität, den angebrachten Gepflogenheiten und Umgangsformen auch nur im Entferntesten bewusst. Dass die Sprache die gleichen Wurzeln hat, verleitet Deutsche noch mehr dazu anzunehmen, sie könnten sich so benehmen, als seien sie zu Hause. Bis sie merken, dass das Gegenteil der Fall ist, vergeht meist einige Zeit. Wie heißt es doch so schön: Man hat nur eine Chance für einen ersten Eindruck!

Erschwerend kommt hinzu, dass der unbedarfte Deutsche spontane Liebe erwartet, wenn er in die Schweiz kommt (siehe auch S. 131ff. «Die Rheinländer», S. 142ff. «Die Bayern» und S. 156 «Die Berliner»). Denn der Eidgenosse an sich genießt beim nördlichen Nachbarn einen tadellosen Ruf. Frei nach dem Motto «Wen ich mag, der muss mich auch mögen», rennt der zugezogene Deutsche freudestrahlend mit offenen Armen durch Zürich. Und umarmt dann am Ende eher die Straßenlaterne als einen Einheimischen.

Warum der Deutsche im Allgemeinen so betriebsblind durch die Gegend läuft, liegt vermutlich an der Größe des Betriebes. Deutschland ist sehr groß, es gibt sehr viele Deutsche. Anders verhält es sich in der Schweiz: Der Schweizer ist sich angesichts der überschaubaren Größe des eigenen Landes seines relativen Gewichtes im Weltgefüge von klein auf schmerzlich bewusst. Beim Deutschen ist genau das Gegenteil der Fall. Das Land ist so groß, dass viele die Außengrenzen bis zu einem gewissen Alter und Horizont gar nicht aus eigener Erfahrung kennen (siehe auch S. 146ff., «Die Mitteldeutschen»). Da, wo Deutsch gesprochen wird, kann man auch deutsch sein, lautet die fatale Schlussfolgerung, unter der nicht nur die Schweizer zu leiden haben – auch die Österreicher, Spanier, Holländer und andere Völkchen können ein Lied davon singen.

... großschnäuzig

Für das Überleben und das Hervorstechen aus einer Masse von mehr als 82 Millionen Individuen bedarf es eines gewissen Auftretens und eines gewissen Selbstbewusstseins. Das lernen die Deutschen schon früh. In Deutschland wachsen die meisten jungen Menschen anders auf als in der wohlbehüteten Schweiz. Zwar ist auch Berlin noch nicht Mexico City, aber es ist in Berlin-Neukölln lange nicht so paradiesisch wie auf einer Primarschule in «Problemquartieren» in Zürich, Bern oder Basel. Will man in solchen Verbänden nicht untergehen und vielleicht sogar einen guten Schulabschluss machen, darf man nicht abwarten, bis irgendjemand das eigene Potenzial entdeckt und fördert, sondern darf nicht müde werde, den Arm zu recken, «hier» und «ich» zu brüllen und damit um Aufmerksamkeit zu kämpfen. Und dies zieht sich vom Kindergarten bis zum Mittagstisch im Seniorenheim durch ein durchschnittliches deutsches Leben.

Eine solche Überlebensstrategie abzulegen, wenn man in einer Gesellschaft angekommen ist, die dieses Verhalten keinesfalls goutiert, ist schwierig bis unmöglich. Dennoch sollte es nicht unversucht bleiben, als Deutscher im schweizerischen Freundeskreis nicht bei jedem Thema die Meinungsführerschaft zu übernehmen, in einer beruflichen Schulung nicht immer der Erste zu sein, der seine Lösung lauthals verkündet, oder bei einem Geburtstagsquiz nicht zum fünften Mal in Folge die Lösung des (auch noch schweizerischen!) Schoggi-Rätsels quer durch den Festsaal zu rufen. Denn es geht dem Gastgeber doch nicht darum, den Gast mit dem größten Schoggiwissen ausfindig zu machen, sondern um die Unterhaltung aller Anwesenden …

Aus schweizerischer Sicht könnte man den Eindruck gewinnen, dass sehr viele Deutsche regelrecht unter einem Aufmerksamkeits-Defizit-Syndrom leiden. Nun kann man nicht eine ganze Nation auf Ritalin setzen. Aber man könnte den einzelnen Vertretern beibringen, dass es nicht weh tut, wenn man einmal nicht im Mittelpunkt steht, sich nicht permanent in Szene setzt und zu diesem Zwecke einen dummen Spruch nach dem anderen klopft, der bei Eidgenossen bestenfalls in zwei von fünf Fällen gut ankommt (siehe auch S. 44 «Beispiel Sprüche klopfen»).

… extravagant

Im Gegensatz zum Schweizer, der per definitionem ein Sonderfall ist (siehe S. 114ff., «Die Schweizer sind … verklemmt»), fühlt sich der Deutsche per se als Massenprodukt. So ist es das heimliche Ziel des Schweizers, als Sonderfall nicht noch zusätzlich besonders aufzufallen, sondern lieber in der Masse von 7,6 Millionen Einwohnern zu verschwinden. Währenddessen ist es der heimliche Wunsch des Deutschen, aus der anonymen Masse herauszutreten und sich irgendwie, durch irgendetwas von den übrigen 82 Millionen Individuen abzugrenzen.

Am besten kann man dieses Phänomen an den Universitäten beobachten. An einer deutschen Hochschule begegnen einem sehr viele schrille junge Menschen: bunte Haare, verfilzte Haarmasse, gar keine Haare oder solche, die mit Hilfe der Kosmetikindustrie erfolgreich der Schwerkraft trotzen, sind nur die herausstechensten Merkmale einer Bildungsjugend, die partout anders sein will.

An schweizerischen Universitäten begegnen einem deutlich weniger Paradiesvögel, stattdessen erstaunlich viele junge Menschen mit einem sehr ausgewogenen und teuren Modegeschmack.

... opportunistisch

Eine ebenfalls dem patriotischen Schweizer (siehe auch S. 124ff., «Die Schweizer sind ... neurotisch) diametral entgegen gesetzte Haltung ist im äußerst ausgeprägten Pragmatismus der Deutschen zu erkennen. Man könnte es sogar als Opportunismus bezeichnen, denn der Opportunist nutzt nach allgemein gültiger Definition jede günstige Gelegenheit, ohne Rücksicht auf Konsequenzen oder eigene Wertvorstellungen, zu seinem Vorteil. Er stellt die Zweckmäßigkeit über die Grundsatztreue. Im deutschen Alltag heißt das primär: Gekauft wird, was billiger ist – egal, wo es herkommt (siehe auch S. 136ff., «Die Schwaben»).

Alle Deutschen jammern zwar, dass ihre Autoindustrie am Boden liegt und ständig Arbeitsplätze verloren gehen, aber wenn sie selbst ein neues Auto kaufen müssen, wird gerne ein japanisches Produkt genommen, weil der Volkswagen doch so unverschämt teuer geworden ist und ein Mercedes ja fast schon unbezahlbar ist. Das gleiche Muster findet sich im Detailhandel. Die Konsumenten kaufen bei den Discountern Aldi oder Lidl, aber jammern an der Kasse der Nachbarin vor, dass nun auch der letzte Gemüsehändler im Viertel schließt. Doch kaufen sie ihr Gemüse ihm Supermarkt, weil es da so viel billiger ist. Und wenn man einen Cent sparen kann, dann ist der Deutsche (und nicht nur die Schwaben) nicht weit – Gemüsehändler und Autoindustrie hin oder her.

Warum auch immer, Sparen ist in Deutschland Volkssport, und diesem wird ungehemmt gefrönt. Nun mag es daran liegen, dass die Schweizer Gesellschaft insgesamt ein wenig reicher ist als die deutsche oder dass im von Zwingli und Calvin geprägten Land über Wert und vor allem Preis einer Ware geschwiegen wird. Für die Deutschen gilt das Gegenteil: Was wie viel kostet, ist ein Lieblingsthema aller Deutschen im In-, aber vor allem im Ausland. Haben sie sich erst einmal an das Preisniveau der Schweiz gewöhnt, wird der Schnäppchenjagd umso intensiver gefrönt. Man lernt die gelben Aktionspreise im Coop lieben, profitiert von Denners «Dauertiefstpreisen» und startet regelmäßige Shoppingtouren ins deutsche Grenzgebiet (wo man selbstverständlich auch mit Schweizer Franken bezahlen kann). Hat man beim Einzug ins schweizerische Mehrfamilienhaus noch gestaunt, warum sich im benachbarten Kellerabteil Putzmittel, Konserven, Toilettenpapier, Waschpulver usw. stapeln, wird man bald feststellen, dass es einem ähnlich ergeht. Diese Vorräte sind nämlich eine unmittelbare Folge der verlockenden «3 für 2» Angebote des hiesigen Detailhandels.

Der Preis entscheidet beim Deutschen darüber, was gekauft wird. Der Schweizer geht einen Schritt weiter. Zwischendurch überlegt er auch mal, was er für sein Geld erhält, und wägt das Preis-Leistungs-Verhältnis ab. Er ist sich bewusst, dass es dem benachbarten Bauern letztlich zugute kommt, wenn er Schweizer Erdbeeren statt portugiesische kauft. Und er ist sich bewusst, dass es Arbeitsplätze im eigenen Land erhält oder schafft, wenn er Produkte «made in Switzerland» statt «made in China» erwirbt. Auch wenn sie das Zehnfache kosten (siehe auch S. 124ff., «Die Schweizer sind … neurotisch»).

… aufdringlich

Die Schweizer empfinden die Deutschen häufig als direkt, ja geradezu aufdringlich und schroff, was gemäß diverser Studien vor allem auf Unterschiede in der Kommunikation zurückzuführen ist. Sagt ein Schweizer in einer Sitzung: «Könnte man nicht auch …» (siehe S. 58, «Des Schweizers Suggestiv-Befehl»), so weiß die ganze Runde, dass er nicht einverstanden ist. Der Deutsche am Tisch würde darin aber lediglich einen leisen Zweifel erkennen, den er mal kurz mit ein bis fünf Gegenargumenten vom Tisch fegt (siehe auch S. 61, «Als Chef oder Chefin»). Hingegen stößt die deutsche Variante dieser Aussage («Unsinn, das machen wir ganz anders …») so manchen Schweizer vor den Kopf und macht ihn mundtot.

Die direkte Art, die Dinge beim Namen zu nennen, verbunden mit dem Hang, auch über Dinge zu sprechen, über die der Eidgenosse normaler Weise nicht so schnell und einfach spricht, bringt dem Deutschen keinen Ruhm ein. Redet er beispielsweise über das Auftreten von Kollegin A, den penetranten Körpergeruch von Kollege B, die von Unkenntnis zeugenden fachlichen Äußerungen von Kollegin C oder die eigenen intimen Schwierigkeiten der Vereinbarkeit von Ehefrau und Geliebter, erntet der Deutsche dafür sicher keinen Beifall. Dabei meint er es gar nicht so (siehe auch S. 156ff., «Die Berliner»), und außerdem ist es am nächsten Tag eh vergessen (siehe auch S. 131ff., «Die Rheinländer»), und zudem heißt das ja auch nicht, dass alles an den genannten Kollegen schlecht ist – im Gegenteil, man kann sie vielleicht trotz Körpergeruch sehr gut leiden. Und die Ehefrau ist auch die Allerbeste, die man niemals verlassen würde. Aber es tat gut, mal mit jemandem darüber zu sprechen …

Dieses aufdringliche Verhalten ist den Schweizern trotz aller diplomatischen Fähigkeiten gänzlich fremd. Was dazu führt, dass die Schweizer in dieser Art auftretende Nordländer kurzerhand als taktlose, ungehobelte Schwätzer katalogisieren. Deutsche haben nun mal einen Hang zum Klatsch und hören sich einfach gern selbst reden (siehe auch S. 156 «Die Berliner»). Der Deutsche lästert aber nicht nur, er erzählt auch gerne und viel über Dinge, die den Zuhörer nicht die Bohne interessieren oder – was noch schlimmer ist – sehr weit ins Persönliche hineinreichen. Ein Schweizer wird sich fragen, warum um Himmels willen dieser Deutsche ihm gerade von seinen sexuellen Problemen mit der Ehefrau erzählt oder sonst irgendetwas aus dem Nähkästchen plaudert, das der Schweizer noch nicht mal sich selbst eingestehen, geschweige denn einem anderen Menschen je davon berichten würde.

Für Schweizer ist es im Allgemeinen schwierig, mit der sehr direkten und offenherzigen Art der Deutschen umzugehen. Daher werden Antworten oder Ratschläge bezüglich solcher vorgebrachten Problemfelder sehr wortkarg ausfallen.

… destruktiv

Die Deutschen erkennt man auf der ganzen Welt daran, dass sie meckern. Sie meckern im Tram, weil es zu lange an der Kreuzung warten muss, zu schnell anfährt oder zu hart bremst. Im Straßenverkehr sieht man sie hinter dem Steuer ihres VW-Golf oder Audi A3, wie ihre Gesichter rot anlaufen, wenn ihnen ein anderer Fahrer nicht den Vortritt gewährt (was notabene dem Deutschen selbst nie einfiele). Sie meckern im Restaurant, weil der Kellner zu lahm, das Essen zu scharf, der Wein zu kalt, der Kaffee zu stark ist. Sie meckern, weil die Temperatur im Sommer zu heiß und im Winter zu kalt ist. Sie beschweren sich über Regen im Herbst – und auch über den im Frühling. Die Preise in der Schweiz sind zu hoch, die Mieten vollkommen überzogen, die Autoversicherungen unverschämt teuer. Im Arbeitsleben ist das Büro zwar zentral gelegen, aber man kann ja kein Fenster öffnen wegen der Abgase. Das Essen im Personalrestaurant ist zu teuer und schlecht gewürzt. Der Computer ist veraltet, die Telefonanlage auch, und das Mobiliar schädigt den Rücken. Die von der Personalabteilung haben ja sowieso keine Ahnung, und die Hauswartung ist eine Katastrophe.

Es gibt fast nichts, worüber Deutsche sich nicht ereifern können. In der Schweiz machen sie da keine Pause, jedenfalls so lange nicht, bis sie merken, dass Jammern und Meckern hierzulande kein Volkssport ist.

Oftmals ist die Meckerei der Deutschen bei näherer Betrachtung aber eigentlich nicht allzu ernst gemeint, sondern es ist der ungelenke Versuch, ein Gespräch – auch oder vor allem mit Unbekannten – zu beginnen. Zum Beispiel am Apéro einer Vernissage:

> *«Meine Güte, ist das warm hier drin. Das ist ja nicht zum Aushalten.»*

Die dann automatisch stattfindende Solidarisierung des (deutschen) Gesprächspartners,

> *«Ja, es ist wirklich unerträglich heiß hier. Dass die in einem solchen modernen Glasbau aber auch keine vernünftige Klimaanlage eingebaut haben, ist ja kaum zu glauben. Diese Hitze kann doch auch den Kunstwerken nicht gut tun. Aber na ja, irgendwo wird ja immer gespart»,*

bildet den Anstoß zu einem qualifizierten fachlichen Austausch über wahlweise Architektur, den Klimawandel, moderne Kunst oder die Wirtschaftskrise. Hingegen wird der Schweizer Gesprächspartner das gejammerte Intro des Deutschen kaum als solches erkennen und daher vielleicht antworten:

> «Oh, möchten Sie Ihr Jackett ablegen? Die Garderobe ist gleich da hinten»

oder

> «Ja, Sie haben vollkommen recht. Warten Sie, ich werde den Hausmeister umgehend instruieren, die Klimaanlage einzuschalten».

Womit der eigentliche Sinn und Zweck des deutschen Gejammers, nämlich Kontakt aufzunehmen, komplett ausgehebelt ist.

Die Schweizer sind …

Wenn Sie nun beim Thema Vorurteile die verbreiteten Stereotype zur Schweiz erwarten, werden Sie enttäuscht sein. Dass die Schweizer den besten Käse und die beste Schokolade der Welt produzieren, wissen sie auch, ohne dass sie ständig darauf reduziert werden. Und dass die französischen Käse raffinierter und die belgische Schokolade feiner sind als die schweizerische, überhören sie geflissentlich. Bleiben die Uhren: Auf ihre Luxusuhren sind die Schweizer wirklich stolz, sogar auf die Plastik-Swatch, auch wenn sie diese lieber an Touristen verkaufen.

… gefährlich
Die Höflichkeit, für die der Schweizer an sich weltberühmt ist und mit der er sich jeden Fremden, den er nicht schon seit

der Primarschule kennt, auf gesunde Distanz hält, nimmt manchmal geradezu gefährliche Ausmaße an. So kann es Ihnen passieren, dass Sie auf der Zürcher Bahnhofstrasse versehentlich einen Passanten anrempeln oder ihm ungewollt den eingeschlagenen Weg abschneiden, dieser sich jedoch sogleich bei Ihnen mit den Worten «Tschuldigung», «Exgüsi», «Pardon» oder «Sorry» entschuldigt. Vollkommen perplex können Sie als Verursacher des Zusammenstoßes dann noch schnell ihr Bedauern über die eigene Unachtsamkeit mit den gleichen Worten kundtun, bevor der Angerempelte seines Weges eilt.

Geradezu gemeingefährlich wird es aber im Straßenverkehr – und zwar in gleich zwei häufig zu beobachtenden Fällen: einmal dann, wenn Schweizer «Autolenker» im fließenden Verkehr aus lauter Höflichkeit das grundlegende Prinzip der Vorfahrtsstraße eigenmächtig und ohne Vorankündigung (für nachfolgende Verkehrsteilnehmer) außer Kraft setzen – beispielsweise um einem seitlich parkenden Fahrzeug zu ermöglichen, sich wieder in den Verkehr einzugliedern. Dann kann es hinter dem freundlichen Fahrer – der in diesem Moment zwar zu einem sehr höflichen, aber faktisch leider zu einem stehenden Fahrer geworden ist – schon mal scheppern (während sich der andere Fahrer freudig aus der Parklücke herausmanövriert hat und längst verschwunden ist).

Außerhalb der Städte kann Ihnen Ähnliches geschehen, nur mit deutlich höherer Geschwindigkeit. Und zwar wenn Sie auf der nationalen Autobahn unterwegs sind und sich jemand vom Beschleunigungsstreifen her in den mit maximal 120 km/h fließenden Verkehr einfädeln will. Nun lernt der deutsche Fahrschüler die Grundregel, dass sich der Fahrer, der auf die Autobahn will, dem Tempo des fließenden Verkehrs anpassen muss und deswegen auf dem entsprechend benannten Beschleunigungsstreifen beschleunigen sollte, um so problemlos einzuspuren. Damit dies ohne größere Verwirrung des gewöhnlich auf zwei Spuren fließenden Verkehrs vonstatten gehen kann, sollte dieser unbedingt in seinen gewohnten Bahnen weiter fließen, was heißt, dass die Autos, die auf der rechten Spur fahren, ihr Tempo am besten gleichmäßig beibehalten, damit es Auffahrende besser abschätzen können. Die Fahrer auf der rechten Spur sollten auf gar keinen Fall überhastet nach links herüberziehen, um dem Fahrzeug auf dem Beschleunigungsstreifen das Einfädeln vermeintlich zu erleichtern. Denn dies führt leider sehr häufig dazu, dass zu schnell und zu hektisch und ohne den lebensrettenden Blick über die linke Schulter von der rechten auf die linke Fahrbahn gewechselt wird, was zu folgenschweren Unfällen führen kann.

Nun, in der Schweiz wurde den Fahrschülern bis vor Kurzem noch das Gegenteil eingebläut: Wenn jemand vor einem auf die Autobahn will, muss man ihm (höflich) Platz machen, indem man auf die linke Spur wechselt. Zwar wird dies heute in der Theorie nicht mehr so gelehrt, dennoch fahren in der Praxis noch immer die meisten nach dieser Devise. Was im Allgemeinen nicht ganz so schlimm ist wie in Deutschland, da dort der Verkehr teilweise ohne Beschränkung der Höchstgeschwindigkeit auf der linken Spur an einem vorbeiflitzt, während die Fahrzeuge in der Schweiz maximal bescheidene 120 km/h auf dem Tacho haben sollten. Denn auch die Autos treten im Alpenstaat bescheiden auf. Sie fahren (meistens) nicht nur disziplinierte 120 km/h, sondern verhüllen oftmals auch noch ihr gesamtes Potenzial. So fehlt auf vielen, die Städte verstopfenden Metallicglanzkarossen die Typenbezeichnung (wieder mal Zwingli, der es seinen Leuten noch immer vergällt, ihren Reichtum zur Schau zu tragen).

Man sieht sich immer zweimal
Es dauert einige Jahre, bis man versteht, warum in der Schweiz alle so furchtbar nett miteinander umgehen – auch mit Leu-

ten, denen man kaum positive Seiten abgewinnen kann. Der Grund ist ganz einfach und nahe liegend: Die Schweiz ist ein kleines Land, was es wahrscheinlich macht, dass man sich mindestens zweimal im Laufe eines (Berufs-)Lebens trifft, meistens sogar mehrmals. Und man weiß nie, in welcher Konstellation man erneut zusammenkommt. Dann ist die einstige Sekretärin vielleicht inzwischen die Verantwortliche fürs Marketingbudget des Großkonzerns. Und wenn man sich zehn Jahre zuvor ihr gegenüber nicht anständig benommen hat, bekommt man nun vielleicht nicht den Zuspruch für die Marketing-Kampagne. So einfach ist das. Und da sich alle daran halten (zumindest die, die es erkannt haben), funktioniert es auch hervorragend. Und es gibt im Umgang miteinander durchaus genügend subtile Wege, um dem anderen zu sagen, dass man ihn nicht leiden kann.

Vor allem auf die kühleren Nordlichter (siehe S. 140ff., «Die Norddeutschen») mag die übertriebene bis aufgesetzte Höflichkeit der Schweizer merkwürdig wirken. Aber denken Sie sich nichts dabei. Die Nettigkeiten samt Küsschen zur Begrüßung und zum Abschied bedeuten dem Schweizer kaum mehr als dem Engländer oder dem Amerikaner ein Händedruck. Und auch von der weit verbreiteten Duzis-Kultur in Schweizer Betrieben sollten Sie sich nicht abschrecken lassen. Hierzulande ist es üblich, sich unter Kollegen schon am ersten Arbeitstag mit dem Vornamen zu begrüßen. Selbst Chef und Lehrling machen da kaum eine Ausnahme. Den ersten Schritt sollten Sie aber tunlichst Ihren künftigen Schweizer Kollegen überlassen, sonst wirkt das aufdringlich und anbiedernd – und das mag der Schweizer nicht, schon gar nicht von einem Deutschen …

… konsenssüchtig

Der Schweizer liebt den Konsens, nicht nur in der Politik (siehe auch S. 91ff., «Kleine Geschichtskunde»), sondern im gesamten gesellschaftlichen Leben. Man könnte sogar so weit gehen zu behaupten, Schweizerinnen und Schweizer seien aufgrund ihres ausgeprägten Hangs zum Konsens geradezu konfliktunfähig. Alles, was nach offener Konfrontation aussieht oder sich danach anhört, wird tunlichst vermieden. Oder man nimmt es zum Anlass für die Suche nach einem Kompromiss – und zwar möglichst schnell. So will man Emotionen gar nicht erst eine Chance einräumen, überhaupt aufzukommen, geschweige denn hoch zu kochen – denn Gefühlsausbrüche jeglicher Art sind in der Schweiz ebenfalls nicht gern gesehen (siehe auch S. 114 ff., «Die Schweizer sind … verklemmt», und S. 768 ff., «In Beziehungskisten»).

Auf der Suche nach Kompromissen, mit denen alle involvierten Personen gut leben können, ist der Eidgenosse bisweilen ungewollt und ungewohnt kreativ. So dürfte Zürich die weltweit einzige Stadt sein, in der das 30-minütige Silvesterfeuerwerk erst 20 Minuten nach 24.00 Uhr gezündet wird. Bis dahin hatten alle ausreichend Zeit, mit dem Champagnerglas (= Cüpli) anzustoßen, sich je dreimal auf die Wange zu küssen und «Es guets Neus» zu wünschen. Da muss das Feuerwerk eben mal warten, das scheint dem Organisationskomitee der geeignete Kompromiss.

Die Sucht nach dem Konsens führt in ihrer Reinform jedoch letzten Endes leider zur Gleichmacherei. Denn damit sich alle einig sein können, darf niemand herausragen, darf sich niemand hervortun. Und schon hat man die ultimative Erklärung für die weltberühmte Schweizer Bescheidenheit! Die Schweizer bleiben stets auf dem Teppich und kehren ihr Licht am liebsten noch darunter. Versucht man, dieses Lichtlein doch einmal leuchten zu lassen, und versichert man den Schweizer seiner herausragenden Leistungen oder Erfolge, mag er das gar nicht. Schweizer reagieren auf Lob grundsätzlich mit Abwehr. Warum auch immer – es ist so. Versuchen Sie es, sagen Sie einem Schweizer so etwas wie:

> *«Ich finde es toll, dass in der Schweiz so viele Menschen mindestens eine Fremdsprache beherrschen.»*

Der Dialog wird wie folgt weitergehen:

> *«Das stimmt doch gar nicht. Viele können überhaupt nur ihren Dialekt und noch nicht mal richtig Hochdeutsch.»*
> *«Aber laut der Studie der OECD sprechen in der Schweiz im Vergleich zu anderen europäischen Ländern deutlich mehr Menschen eine zweite Sprache.»*
> *«Ja, was heißt das denn schon, wenn die behaupten, eine zweite Sprache zu sprechen? Die können dann vielleicht auf Französisch ein Essen bestellen und Danke und Tschüss sagen.»*

So oder ähnlich werden selbst objektive Argumente oder gar Fakten vom Tisch des Lobes gefegt. Rühmt man den Schweizer, ist ihm nicht mehr wohl. Vielleicht, weil er in diesem Moment zu etwas Besonderem wird. Und besonders sein ist in der Schweiz nicht gerade gefragt, da das Land aufgrund seiner Topografie, seiner Geschichte, seiner Viersprachigkeit und seines demokratischen Systems an sich schon eine Besonderheit und damit jeder Bürger von vornherein ein Sonderfall ist (vgl. dazu das Gegenteil S. 102 ff., «Die Deutschen sind … extravagant»). Bei den Eidgenossen ist aus diesem Grund eher der solide Durchschnitt erstrebenswert. Denn er bleibt auch im Durchschnitt nur der Durchschnitt einer kleinen Minderheit und damit eigentlich ja immer noch etwas Besonderes. Andere Staaten haben zwar auch ethnische Minderheiten, aber die Schweiz besteht quasi aus Minderheiten. So schauen die Deutschschweizer ängstlich Richtung Deutschland, die Romands fühlen sich den Franzosen unterlegen, die Tessiner den Italienern und die Rätoromanen dem Rest der Welt.

Dieser Blick lässt die Eidgenossen scheinbar kleiner werden, als sie wirklich sind. Und als Minderheit ist man normalerweise auch etwas zurückhaltender als die Mehrheit. Alles dies sind Gründe für das zurückhaltende, leise, unauffällige und vor allem unaufdringliche Naturell der Schweizer. Sie pflegen selten die Stimme zu heben, außer vielleicht zum gemeinsamen Gesang, aber selbst dieses Brauchtum ist in der Schweiz lange nicht so weit verbreitet wie in den ländlichen Gebieten Deutschlands. Vieles deutet darauf hin, dass Schweizer und Deutsche vollkommen unterschiedliche Vorstellungen davon haben, wie man sich richtig benimmt, amüsiert und wie man sich in seiner Freizeit (insbesondere unter Alkoholeinfluss) richtig verhält (siehe auch S. 42, «Im Freundeskreis» und S. 68, «Ausgehen»).

... verklemmt

Trotz der geografischen Nähe zum temperamentvollen Süden Europas ist der deutsche Rheinländer oder Berliner rein charakterlich deutlich enger mit dem Südländer verwandt, als es ein Schweizer je sein könnte (siehe auch S. 131ff., «Die Rheinländer» und S. 142ff., «Die Bayern»). Das benachbarte Italien verhilft zwar der eidgenössischen Küche zu erfreulicher Leichtigkeit, nicht aber der Lebensart. Diese erinnert eher an skandinavische Gebräuche. Denn der Schweizer neigt – wie gesagt – nicht dazu, seinen Gefühlen freien Lauf zu lassen.

«Emotional verkümmert» – mit diesen harten Worten benannte dies einmal ein Schweizer selbst. Es ist eine im Kern treffende Umschreibung der nicht vorhandenen Fähig- und Willigkeit, vor Freude zu hüpfen, wildfremden Menschen um den Hals zu fallen, in der Öffentlichkeit oder in den eigenen vier Wänden laut zu weinen, Gegenstände sinnlos in Bewegung zu versetzen oder zu demolieren.

Es mag eine Folge des behüteten Aufwachsens in einem der reichsten Länder der Erde sein, in einer Gesellschaft, deren Individuen nicht individuell sein möchten (siehe auch

S. 112ff., «Die Schweizer sind … konsenssüchtig») und daher eher beherrscht statt beherzt zu sein versuchen. Schweizerinnen und Schweizer werden dazu erzogen, Ärger aus dem Weg zu gehen und stets die Kontrolle über sich und die Situation zu behalten. Schließlich machen Gefühle verletzbar – und dies möchte der neutrale, doch von allen Landesseiten her bedrohte Schweizer ja nun wirklich nicht sein.

Auf eher extrovertierte Zugereiste aus dem deutschen Westen oder Osten wirkt die unterkühlte und beherrschte Art der Schweizer bisweilen irgendwie künstlich. Man gewinnt den Eindruck, dass der Schweizer seinen Ärger lieber in sich hineinfrisst, als ihm Luft zu machen und so den Umstand, der zum Ärgernis führt, eventuell aus der Welt zu schaffen. Vom typischen deutschen Großmaul muss man nun leider genau das Gegenteil sagen. Der Deutsche meckert, noch bevor der Sitznachbar im Zug die Musik überhaupt angeschaltet hat, und ärgert sich für gewöhnlich sehr laut und ausgiebig über Dinge, die den Ärger oftmals gar nicht wert sind bzw. an denen sich sowieso nichts ändern lässt (Wetter). In solchen Momenten bleibt der Schweizer angenehm ruhig. In vielen anderen, ähnlichen Momenten bleibt der Eidgenosse aber zu ruhig, er schluckt seinen Ärger hinunter. Falls er überhaupt Ärger empfindet und nicht nur Gleichgültigkeit.

Einige Schweizer diagnostizieren dieses Gefühlsdefizit an sich selbst, merken, dass sie sich eigentlich gar nicht richtig freuen und nicht richtig lieben können. Sie sehen sich als Sklaven der Beherrschtheit und Rationalität, zu der sie erzogen wurden. Dies sind dann Beobachtungen, welche die überaus hohe Dichte an Psychiatern und Psychoanalytikerinnen im Lande erklärt. Vielleicht ist es auch eine der Ursachen für die im internationalen Vergleich überdurchschnittlich hohe Selbstmordrate: In der Schweiz nehmen sich jährlich zwischen 1300 und 1400 Personen das Leben, was 1,5 bis 2 Prozent aller Todesfälle ausmacht und einer Suizidrate von 19,1 pro 100 000 Einwohner entspricht. In Deutschland gibt es jährlich zwischen 11 000 und 12 000 Suizide und damit etwa 14 Fälle pro 100 000 Einwohner oder rund 1,3 Prozent aller Todesfälle, Tendenz seit einigen Jahren sinkend.

Beim Zusammentreffen zwischen Deutschen und Schweizern kann die unterschiedliche Gefühlsintensität schnell einmal zu Missverständnissen führen. Wenn der Deutsche also gar nicht merkt, dass sich der Schweizer gerade furchtbar ärgert. Wenn es dem Schweizer sehr peinlich ist, wie sich der Deutsche am Tisch laut darüber beschwert, dass ein Bier mehr kostet als ein ganzes Fass aus einer deutschen Brauerei. Der größte Unterschied ist aber der, dass der Deutsche dem Schweizer sagen würde, wenn sein Verhalten unpassend wäre, während der Schweizer den Deutschen, der sich gerade mal wieder völlig daneben benimmt, höchstens innerlich maßregelt. Statt dem Großmaul aus Köln oder Berlin also endlich mal zu sagen:

> *«Hey, jetzt reicht's aber, fahr mal 'nen Gang runter, wir sind hier in Zürich und nicht in einem deutschen Brauhaus. Hier gelten nun mal andere Preise und andere Benimmregeln. Eine davon ist, dass man hier nicht so rumbrüllt. Oder hörst du außer dir noch jemanden so laut grölen?»,*

bleibt der Schweizer Kollege wahrscheinlich stumm und lässt den deutschen Redeschwall über sich ergehen. Denn die Konfrontation liegt ihm einfach nicht im Naturell.

Exkurs: Der Schweizer Bedürfnis-Konjunktiv

Das relative Unvermögen, seine Gefühle halbwegs adäquat zu artikulieren oder ihnen hin und wieder sogar freien Lauf zu lassen, kombiniert mit der steten Suche nach einem Konsens, bildet den Grundstein für eine weitere herausragende Eigenschaft der Eidgenossen: ihr diplomatisches Geschick. Da der Schweizer in seiner Bescheidenheit eigentlich nie direkt und offen sagt, was er will, was er fordert, was er fühlt, was er denkt, was er sich wünscht oder was er erwartet, ist er ein Meister im diplomatischen «Um den heißen Brei reden». Er nutzt zur Artikulation seiner Anliegen stets die unverbindliche Möglichkeitsform, was zur Besonderheit des Schweizerischen Bedürfnis-Konjunktivs führt.

Ein Schweizer will also nie, sondern «hätte nur gern»; ein Schweizer macht also nicht, sondern «würde gerne machen»; ein Schweizer weiß also nie etwas, sondern «glaubt, etwas zu wissen». Dieses Umschreibungstalent sichert ihm zwar große Erfolge in der internationalen Diplomatie – nicht umsonst sind so viele internationale Organisationen in Genf angesiedelt. Allerdings sorgt dieser konsequent gepflegte Schweizer-Bedürfnis-Konjunktiv im zwischenmenschlichen Bereich nicht selten für kleine und größere Irritationen (siehe auch S. 78, «In Beziehungskisten»). Er ist das Gegenteil der deutschen Art, die direkt ist und in der Hitze des Wortgefechts oft genug das Zauberwörtchen «Bitte» vergisst (siehe auch S. 101 ff., «Die Deutschen sind … großschnäuzig»).

… langsam

Die zurückhaltende und konsensversessene Art der Eidgenossen braucht in der praktischen Anwendung etwas mehr Zeit als das direkte und dominante teutonische Sozialverhalten. Denn wenn man höflich wartet, bis der andere ausgeredet hat (und sei es noch so ein Schwätzer), dauert es eben länger. Ferner sind mehr Worte vonnöten, um ein Missfallen diplomatisch in der Möglichkeitsform zu umschreiben, als es dem anderen geradewegs vor den Latz zu knallen. Unter dem Strich führt das dazu, dass der Schweizer im Leben generell mehr gefühlte Zeit zur Verfügung hat als der Deutsche. Das

beginnt beim Gespräch, wenn der Schweizer in den allermeisten Fällen abwartet, bis der andere ausgeredet hat. Dazwischen darf auch mal den Bruchteil einer Sekunde keine
Silbe fallen, das beunruhigt den Schweizer nicht sofort. Auch
wartet man unter Eidgenossen einen ebensolchen Bruchteil
auf die Antwort des Gegenübers, ohne gleich statt seiner das
Wort zu ergreifen und sich die Antwort auf seine eben ge-
stellte Frage gleich selbst zu geben.

Nebst dieser grundsätzlich anderen Kommunikation
kommt im Gespräch mit einem Deutschen natürlich die Sache mit den Sprachunterschieden hinzu. Auf deutsche
Schnellredner wirkt das gesprochene Schriftdeutsch der Eidgenossen ziemlich behäbig. Erfahrungsgemäß wechseln die
meisten Schweizer nach den ersten vernommenen hochdeutschen Klängen ins Schriftdeutsche. Oder sie stellen prompt
die höfliche Frage, ob der Zuhörer denn überhaupt sein
Schwiizertütsch verstehe (was im Übrigen keinem Schwaben
oder Bayern im Gespräch mit einem Preußen in den Sinn
käme, siehe auch S. 136ff., «Die Schwaben» und S. 142ff.,
«Die Bayern»). Doch selbst wenn Sie als Deutscher mit «Ja»
antworten, heftig nicken und freundlich lächeln, wechseln
sehr viele Schweizer nach spätestens drei Sätzen wieder ins
Schriftdeutsche. Dies ist nun mal ein Automatismus, der ein-
setzt, wenn der Eidgenosse Hochdeutsch vernimmt, diese für
ihn hochoffizielle Amts- und Schulsprache. Denn in der
Schule redet man mit seinen Freunden natürlich im heimi-
schen Dialekt. Aber sobald die Lehrperson das Wort an die
Schülerinnen und Schüler richtet oder es gilt, einen Aufsatz
zu schreiben, hört und spricht der kleine Eidgenosse Schriftdeutsch – oder wie es in der Schule offiziell heißt: Standard-
sprache (damit umgeht man elegant das Wörtchen «deutsch»).
Doch obwohl Schweizer Kinder konsequent in der Standard-
sprache erzogen werden, ist und bleibt sie im alltäglichen
Leben so etwas wie eine Fremdsprache.

Die Sache mit dem Humor

Bei einer solchen Sprachsozialisation ist es kaum verwunderlich, dass die meisten Schweizer mit dem Schriftdeutschen eher negative Gefühle verbinden. Diese (und wahrscheinlich noch ein paar andere, siehe S. 100–107, «Die Deutschen sind…») muss er erst einmal überwinden, wenn eine Deutsche das Wort an ihn richtet. Dann muss er im Kopf simultan vom jeweiligen Deutsch des Gegenübers ins Schriftdeutsche und dann in seinen eigenen Dialekt übersetzen. Daher dauert es etwas länger, bis er Ihnen antwortet.

Dies ist ein Grund, warum die Schweizer den Deutschen oft etwas langsam und humorlos erscheinen. Wortwitz, dumme Sprüche und sonstige verbale Albernheiten kommen womöglich gar nicht oder verspätet beim eidgenössischen Gegenüber an: Sie bleiben einfach im individuellen Übersetzungsprogramm hängen.

Die innere Vernehmlassung

Ein zweiter Grund für diese entschleunigte Wortwahl ist die «innere Vernehmlassung», die ebenfalls vor jeder Äußerung wie ein Automatismus im Kopf der Schweizer abläuft. Denn im Gegensatz zu vielen Deutschen, die erst reden und dann denken oder beides bestenfalls gleichzeitig tun, denkt der Schweizer erst über alle möglichen Konsequenzen, die seine potenzielle Aussage bei allen Zuhörenden nach sich ziehen könnte, nach, schwächt die im Kopf vorformulierten Aussagen hie und da noch politisch vollkommen korrekt ab, bevor er sie dann für neutral genug befindet und halblaut verkündet. Das kann dauern.

Darüber geht leicht vergessen, dass das Schweizerdeutsche – im Gegensatz zum steifen Schriftdeutsch der Schweizer – rasant gesprochen und in seinen Wortfindungen ziemlich witzig sein kann. Nun gut, je nach Dialekt. Manche Schweizer sind auch wirklich langsam, aber das ist in Deutschland ja nicht anders (siehe auch S. 165 ff., «Die Berner» und S. 140 ff., «Die Norddeutschen»).

... kleinkariert

Böse Zungen behaupten, in der Schweiz sei ausnahmslos alles etwas kleiner als anderswo (mit Ausnahme vielleicht der Bankkonten), doch diesen Aspekt wollen wir hier nicht vertiefen. Aber es beginnt bei der Größe des Landes. Mit 41 290 Quadratkilometern Landesfläche ist die Schweiz etwas kleiner als das zweitgrößte deutsche Bundesland Niedersachsen und in etwa so groß wie die Niederlande. Bau- und Kulturland ist von dieser Fläche aber nur etwa ein Drittel, was den zur Verfügung stehenden Lebensraum stark limitiert.

Aus diesem beschränkten Raumangebot und dank des ökonomischen Gesetzes, dass rare Dinge hohe Preise nach sich ziehen, ergeben sich zwei im schweizerischen Alltag höchst präsente Dinge: sehr teure Mieten und zu wenig Parkplätze. Gegen die hohen Mieten kann man in dem kartellartigen Angebotsmarkt der Schweiz nicht viel ausrichten. Also konzentriert sich die verbleibende Aggression angesichts dieses eklatanten räumlichen Mangelgefühls auf das Thema Parkplätze.

Man könnte in diesem Zusammenhang auch von einer heiligen Kuh sprechen – und das nicht nur in den Städten und Ballungsgebieten, sondern schlicht und ergreifend überall auf eidgenössischem Boden.

Mal schnell zum Ausladen auf dem Platz des Nachbarn halten, kann einen ewigen Streit vom Zaun brechen. Denkt man, die Nachbarn seien über Weihnachten verreist und stellt das Auto des Besuchs aus Deutschland auf deren Parkplatz, klingelt es am Heiligen Abend unverhofft an der Wohnungstüre und es droht ein gar nicht mehr heiliger Abend zu werden.

So, genug der Erfahrungsberichte. Aber es sollte Sie nur hinreichend für das Thema Parkplätze sensibilisieren. Nehmen Sie sämtliche Verbotsschilder und Hinweistafeln bitte ernst. Die Schweizer meinen es nämlich auch ernst. In dieser Beziehung verstehen sie überhaupt keinen Spaß und nehmen alles sehr genau. Sehr, quasi übergenau, denn sehr genau nimmt der Schweizer ja sowieso schon alles im Leben – was ja nicht unbedingt etwas Schlechtes sein muss.

Im Gegenteil, der eidgenössische Hang zum Perfektionismus treibt volkswirtschaftlich reiche Blüten, wie beispielsweise die Uhrenindustrie. Auch wenn es kein Schweizer aus Gründen der Bescheidenheit je zugeben würde: Die Schweizer sind sehr, sehr stolz auf ihre Uhrentradition. Ein Weg, sich bei den Eidgenossen beliebt zu machen, verläuft daher sicherlich übers Handgelenk. Legen Sie Ihre formschöne und designprämierte Armbanduhr «Nomos Tangente» in die Schublade (kennt hier eh keiner), lassen Sie Ihre «Rolex» zu hause und kaufen Sie sich ein Schweizer Produkt. Egal ob Swatch, Rado, IWC, Omega, Longines oder Breitling – Hauptsache «Swiss Made» (siehe auch S. 124 ff., «Die Schweizer sind … neurotisch»).

Schweizer Pünktlichkeit

Die Uhr ist im Übrigen in der Schweiz keinesfalls nur ein teures Schmuckstück oder eine Geldanlage. Nein, sie ist präziser Taktgeber einer präzis funktionierenden Gesellschaft. Da redet keiner mehr von der Preußischen Pünktlichkeit – angesichts der schweizerischen Genauigkeit, beispielsweise im öffentlichen Nahverkehr, dürften dem Chef der deutschen Bahn die Tränen literweise aus den Augen treten. Eine zweiminütige Verspätung des Schnellzuges von Zürich nach Bern ist nicht nur Anlass für eine Lautsprecherdurchsage am Zürcher Hauptbahnhof, sondern auch Auslöser stummer Unmutsbekundungen bei den wartenden Passagieren (Kopfschütteln, demonstrativer Blick auf die Armbanduhr oder Tätigen eines Anrufes via Mobiltelefon zwecks Mitteilung des verspäteten Eintreffens am Zielort). Wegen zwei Minuten!!! Das gilt in Deutschland noch als überaus pünktlich (ungefähr so, wie in Deutschland bei einer Arbeitslosenrate von 8,1 Prozent oder 3,4 Mio. Menschen ohne Arbeit im April 2008 von der nahenden Vollbeschäftigung die Rede war).

Dem Einzelhandel, der in der Schweiz Detailhandel heißt, kommt dieser Hang zum Perfektionismus sehr entgegen. Vermutlich werden in kaum einem anderen Land so viele Komplementärgüter verkauft wie in der Schweiz. Denn wer sich hier ein neues Fahrrad gönnt, was in der Schweiz Velo heißt, dem kommt es dann auf einen Tausender mehr oder weniger auch nicht mehr an. Er oder sie wird sich auch die farblich passende Ausstattung, technisch auf dem neusten Stand, leisten, vom Helm, von der Trinkflasche, dem schweißabsorbierenden Shirt, den funktionalen Hosen über Socken und die Gore-Tex-Schuhe bis zum Regencape und zu allem, was sonst noch dazugehört.

Die Abneigung gegen alles Unkorrekte, Unvollständige, wahllos Zusammengewürfelte und Halbgare schlägt im Alltag der Eidgenossen auch schon mal auf dem Konto eines weiteren Vorurteils (siehe S. 117ff., «Die Schweizer sind … langsam») zu Buche. Denn anders als die Deutschen, die durchaus halbfertige Lösungen als ganze verkaufen, einen bloßen Ansatz als richtungweisend und ihre Überzeugungen als empirisch bewiesene Fakten lobpreisen, rechnet und prüft der Schweizer vorher lieber alles noch zweimal nach. Und das dauert natürlich etwas länger …

Ungelegte Eier
Wegen seiner Liebe zur Genauigkeit verfällt der Eidgenosse hin und wieder auch der Illusion der Vorhersehbarkeit. Zu-

mindest versucht er, möglichst viel Nicht-Vorhersehbares von vornherein zu verhindern. Deshalb macht man sich zwischen Rhein und Alpen sehr häufig und ausgiebig um ungelegte Eier Sorgen, man könnte sogar sagen, um die Hennen, die noch gar nicht geboren sind, um die ungelegten Eier auszubrüten. Diese Angewohnheit führt im praktischen Leben zu allerlei Vorkehrungen. So wird das Velo zu Beginn der Frühlingssaison vorschriftsmäßig in den Service gegeben, um bösen Überraschungen wie einem platten Reifen, abgenutzten Bremsen oder einer ungeschmierten Kette vorzubeugen.

Die Pedanterie und die kollektive Angst vor Unvorhersehbarem führen leider manchmal dazu, dass die Vorfreude im Keime erstickt, angesichts der aufkeimenden Sorgen darüber, was alles schieflaufen könnte. So schafften es die Schweizer beispielsweise im Vorfeld der Fußball-Europameisterschaft 2008, die Stimmung dermaßen auf den Nullpunkt zu fahren, dass es schon fast wehtat. Man sorgte sich schon Jahre vorher medienwirksam, ob der Stadionneubau nicht die Aussicht der Anwohner störe (dies war der Fall, das Stadion wurde nicht neu gebaut), ob man die zu erwartenden Menschenmassen in den Stadien und auf den öffentlichen Plätzen in Schach halten könne, ob genügend Polizisten, Sanitäter und Toiletten verfügbar seien (die Organisation war – wie nicht anders zu erwarten – perfekt) oder ob die Anwohner an öffentlichen Plätzen ungehindert in ihre Wohnungen kommen würden und wie sie je Schlaf finden sollten (sie konnten beides) und ob das Wetter mitspielen würde (das tat es nur gelegentlich, das konnte aber selbst das Organisationskomitee nicht anders planen).

Die größte Sorge galt der Organisation des Ganzen. Zumal Deutschland zwei Jahre zuvor das als nahezu perfekt wahrgenommene Fußball-Weltmeisterschafts-Fest ausgerichtet hatte und die Schweizer ehrfürchtig auf das preußische Organisationstalent schielten. Sie waren überzeugt, die Turnierspiele niemals so gut organisieren zu können wie die Deutschen, weil sie generell viel zu oft glauben, etwas nicht so gut zu können wie die Deutschen. Das hat sich geradezu zu einem kollektiven Komplex ausgewachsen.

Personifizierter kollektiver Komplex
Den Deutschen, der sich in der Schweiz ansiedelt, stellt dieser kollektive Komplex der Schweizer im Allgemeinen vor eine schier unlösbare Aufgabe. Verhält er sich, wie es von ihm erwartet wird, findet er ganz sicher keine Anerkennung. Denn kein Schweizer und auch sonst niemand lässt sich gerne ständig vormachen, wie etwas besser geht. Verhält er sich so, wie es nicht von ihm erwartet wird, um die Vorurteile seines Gegenübers zu entkräften, versucht er also, das eigene Licht unter den Scheffel zu stellen und stattdessen den Schweizer zu loben, ist das dem Schweizer auch nicht recht (siehe auch S. 122ff., «Die Schweizer sind ... konsenssüchtig»).

Die alles entscheidende Frage ist also: Wie begegnen Sie jemandem, dessen personifizierter Komplex Sie sind, ohne dass Sie zunächst überhaupt etwas davon ahnen, geschweige denn einen Funken Schuld daran tragen? Mit Humor? Schwierig, denn über sich selbst zu lachen ist keine Königsdisziplin der Schweizer. Mit Charme? Das kann nach hinten losgehen, wenn es anbiedernd wird. Offensiv? Das mag der Schweizer gar nicht. Analytisch? Das ist zu kompliziert und zu ehrlich. Ja wie denn dann? Einfach mit ein bisschen mehr Zurückhaltung!

... neurotisch

Es mag an der geringen Ausdehnung des Landes liegen, dass der Schweizer so viel Wert auf das Schweizerische an sich legt. Die ständige Bedrohung, in der Bedeutungslosigkeit eines Staatenbundes zu verschwinden (EU) oder die rein geografisch sinnvolle Aufteilung des Landes an die größeren Nach-

barstaaten (die Deutschschweiz zu Deutschland, das Welsch-
land an Frankreich und das Tessin zu Italien) zu vollziehen,
führt zu einem überaus stark gepflegten Heimatgefühl und
einer fast schon als latent empfundenen Angst vor dem Aussterben zu bezeichnenden Neurose.

In Zeiten einer globalisierten Weltsicht gewinnt der Regionalismus als konträre Bewegung, entsprungen aus dem Bedürfnis einer Identifikation des Individuums mit seinem unmittelbaren Bezugsrahmen, zwar weltweit an Bedeutung.
Aber in der Schweiz als einem der kleinsten und einem der
reichsten Länder der gesamten Erdkugel scheint diese regionale Identifikation einen besonders starken Stellenwert ein-
zunehmen.

So werden beispielsweise die Zeitungen (von denen es in
der Schweiz gemessen an der Einwohnerzahl weltweit mit die
meisten gibt) nicht müde, in Titeln und Texten zu betonen,
dass es sich bei dem Bericht über die Auftragslage in der Industrie um die Schweizer Industrie handelt, dass die Studie
zum Bildungsniveau der Zehntklässler an Schweizer Schulen
stattgefunden hat und dass es den Schweizer Bundesräten ge-
lungen ist, einen weiteren bilateralen Vertrag mit der EU zu
verhandeln. Es ist keine Seltenheit, dass auf der Frontseite
einer Tages- oder Wochenzeitung bis zu fünfzehnmal das
Wort «Schweiz», «Schweizer» oder «schweizerisch» zu lesen
ist. Als müsste man die Leserschaft ständig versichern, dass
sie in der Schweiz sind und dass sie gerade in einem Schweizer Medium über Vorgänge in der Schweiz lesen. Auch das
trägt Züge des kollektiven Komplexes, von dem weiter oben
die Rede war.

In einer öffentlichen Bibliothek werden Sie auf ein weiteres Unikum stoßen. Es heißt «Schweizer Autoren» und ist
ein Aufkleber (in Bibliotheken heißt das «Interessenkle-
ber»), der oben am Buchrücken prangt. Er deutet auf ein
Werk aus schweizerdeutscher Feder und verweist neben

«Krimi», «Sachbuch» und «Bibliografien» auf eine eigene
Kategorie.

Patriotismus wird großgeschrieben
Den Trieb zur Selbsterhaltung als Willensnation und neutra-
lem kleinem Fleck auf der europäischen Landkarte nehmen
die Eidgenossen mit der Muttermilch auf. Später steht beim
«Zmorge» Kuhmilch auf dem Tisch, die nicht nur in den vier
Landessprachen angeschrieben ist (Milch, Latte, Lait, Ladg),
sondern eben auf die Herkunft verweist: Da steht Schweizer
Milch. Und so geht es weiter. Ein Schweizerleben lang wer-
den Schweizer Butter, Schweizer Fleisch und Schweizer Kar-
toffeln konsumiert. Selbst Aldi und McDonald's werben in
der Schweiz auf riesigen Plakatwänden und doppelseitigen
Anzeigen damit, dass in ihren Hamburgern, die sie zwischen
Lugano und Konstanz verkaufen, ausschließlich Schweizer
Fleisch verarbeitet werde und beim Discounter Aldi nur
Schweizer Salat in die Auslage kommt. Das ist den Schweizer
Konsumentinnen und Konsumenten wichtig, schließlich
wird die Landwirtschaft so stark subventioniert wie in kaum
einem anderen Land der Welt (nur in Norwegen sind die
staatlichen Zuwendungen noch höher). Und das nicht nur,
weil die Almen (die in der Schweiz synonym zum Gebirgszug
«Alpen» heißen) so schwer zu bewirtschaften sind, sondern
auch, weil sich die Schweiz am liebsten autark versorgen
würde. Dieser Idealfall ist zwar unrealistisch, aber in pedan-
tisch-patriotischer Manier versuchen die Eidgenossen, diesem Idealfall ihres Sonderfall-Daseins möglichst nahe zu
kommen.

Dabei hilft jeder Einzelne. Sofern er es sich leisten kann
und die entsprechenden Dinge in der Schweiz überhaupt
hergestellt werden, kauft der Schweizer primär Schweizer
Produkte. Diese geben ihm, neben dem guten Gefühl, etwas
zum Wohlstand der Nation beigetragen zu haben, auch eine

gewisse Sicherheit in Sachen Qualität. Denn eins ist klar: «Made in Switzerland» ist nicht nur eine Herkunftsbezeichnung, sondern garantiert, dass es sich bei dem Produkt um das bestmögliche und technologisch ausgereifteste auf diesem Sektor handelt.

Grenzwächter aus Leidenschaft

In seinen teils skurrilen Angewohnheiten ist der Schweizer stets konsequent. Möglichst alles im Leben muss genau sein und deutlich voneinander abgegrenzt werden – das hat der Eidgenosse gern: viele Schubladen und Grenzen. Grenzen ziehen – und seien es nur virtuelle – gehört irgendwie zu den unergründlichen Urbedürfnissen der Schweizer. Nicht nur gegenüber dem Ausland, da man von der EU nichts wissen will und dafür jede noch so unbedeutende Kleinigkeit aus Brüssel willfährig und «autonom nachvollzieht» (offizieller Sprachgebrauch), bevor dies den Briten, den Franzosen oder den Polen überhaupt erst in den Sinn gekommen wäre. Auch für den UNO-Beitritt benötigte die Schweiz drei Anläufe, war davor aber jahrzehntelang einer der größten Geldgeber der Vereinten Nationen.

Aber das sind Themen, die Sie als Deutsche besser nicht anschneiden. Schweizer würden das als Einmischung in die inneren Angelegenheiten werten. Und in diesem Punkt sind die Eidgenossen seit Jahrhunderten sehr, sehr empfindlich.

Die Konsequenz macht auch vor den eigenen Landesgrenzen nicht Halt. Auch innerhalb des Landes errichten die Schweizer mit geradezu masochistischer Lust Barrieren. Da gibt es den Röstigraben zwischen der Deutschschweiz und der Westschweiz, den Romands, wie sie sich selbst nennen, und den Welschen, wie sie von den Deutschschweizern genannt werden. Die Grenze verläuft entlang der Saane, dem Grenzflüsschen zwischen deutschem und französischem Sprachgebiet (noch so ein Graben). Am Westufer der Saane wird statt geriebener Bratkartoffeln angeblich eher Fondue gegessen. Nach Süden erhebt sich der Polenta-Riegel, denn die Tessiner essen angeblich viel mehr von diesem schnittfesten Maisbrei als ihre Landsleute nördlich der Alpen. Dass dies alles nicht stimmt und sich die kulinarischen Geschmäcker längst bei Pizza, Hamburger und Cola verschmolzen haben, wissen die Schweizer natürlich auch. Dennoch oder vielleicht gerade deswegen möchten sie all diese Grenzen, die irgendwie Halt in unsicheren Zeiten bieten, nicht missen – genauso wenig wie den Lattenzaun zu Nachbars Grundstück.

Die alles trennende Jasskartengrenze

Die wichtigste Grenze aber, die das Land quer und ohne nachvollziehbare Linie teilt, ist die Jasskartengrenze: Die nordwestliche Landeshälfte spielt mit französischen Karten, wie sie in Deutschland üblich sind, der Süden und der Osten mit den sogenannten deutschen Karten, die eigentlich aber eher italienischer Herkunft sind. Wer mit den anderen Karten spielt, muss sich dazu überwinden oder gilt als heimatloser Geselle. Nun ist es ja eine Tatsache, dass das schweizerische Jassen im Vergleich zum in Deutschland gepflegten Skat eine recht simple, ja geradezu primitive Form des Kartenspiels ist, dessen Grundbegriffe sich innerhalb einer halben Stunde lernen lassen. Dennoch hier der ultimative Rat für das friedliche Einvernehmen mit den Schweizern: Beißen Sie sich lieber die Zunge ab, als dies jemals auszusprechen. Jassen ist den Schweizern heilig – auch wenn sie dazu weder Contra noch Re brauchen.

Geliebte Klischees oder mit wem man es eigentlich zu tun hat

Es gibt genauso wenig den Deutschen, wie von dem Schweizer die Rede sein kann. Der Bayer hat mit dem Ostfriesen so viel gemeinsam wie der Basler mit dem Tessiner. Wer einen Zürcher aus Versehen aus dem Aargau wähnt oder einen Schwaben der Herkunft nach Bayern zuordnet, der hat wohl auf lange Zeit verloren.

Obwohl die Schweiz ungleich kleiner ist als der nördliche Nachbar, zählt auch hier die regionale Herkunft bei der ersten Kontaktaufnahme mehr als das Alter oder der erreichte Bildungsgrad. Daher hier noch eine kleine Übersicht über einige Besonderheiten ausgewählter Landstriche und Städte, wie man deren Vertreter auf Anhieb erkennt und am einfachsten mit ihnen umgeht.

Die Einteilung der Regionen bot sich in den meisten Fällen geografisch oder historisch an, die Zürcher, Berner und die Rheinländer profitieren dabei (zumindest quantitativ) von einer gewissen, nicht zu leugnenden Heimatverbundenheit der beiden Autoren.

Deutschland

Die Rheinländer

Noch vor den Berlinern sind sie die am schwersten in der Schweiz zu integrierende Spezies. Die Rheinländer lieben es zu lachen. Worüber ist sekundär, es muss weder wahr noch aktuell sein. Am liebsten lacht der Rheinländer aber natürlich über seine eigenen Witze, die auch gerne die eigene Per-

131

son zum Gegenstand haben dürfen (was für den Schweizer im Allgemeinen doppelt unverständlich ist). Damit er ganz viel lachen kann, macht der Rheinländer also permanent Witze und dumme Bemerkungen, gerne auch auf Kosten der anderen Anwesenden (was Schweizer im Allgemeinen gar nicht komisch, sondern befremdlich oder gar anstößig finden). Da der Rheinländer aber grundsätzlich über seine eigenen Witze am meisten lacht, entgeht ihm in vielen Fällen, dass er der Einzige ist, der überhaupt lacht, und alle anderen nur noch müde bis milde mit den Mundwinkeln zucken.

Dieses humorvolle Wesen und die Tendenz, auch ernste Themen und Menschen bisweilen ins Lächerliche zu ziehen, kombiniert mit der Angewohnheit, nicht immer ganz genau zuhören zu müssen, verleiht dem Rheinländer auch schon mal das Prädikat «oberflächlich». Dies zeigt sich unter anderem daran, dass jeder Fremde, der in einer Kneipe an der gleichen Theke mit einem Rheinländer steht, innerhalb von 0,2 Liter Kölsch zu dessen bestem Freund mutiert. Was nicht heißen muss, dass betreffender Rheinländer seinen neuen Freund am nächsten Tag wiedererkennen wird.

Das Rheinische Grundgesetz

Es heißt, das Lachen sei der Spiegel der Seele, und ja, grundsätzlich hat der Rheinländer ein durchaus als «sonnig» zu bezeichnendes Gemüt. Man könnte auch von einem unerschütterlichen, schon fast gottergebenen (Zweck-)Optimismus reden. Das gipfelt dann im 1. Rheinischen Grundgesetz, mit dem jeder noch so große Schicksalsschlag wie Tod, Scheidung oder Hochwasser kommentiert wird:

«Et kütt, wie't kütt.» (Es kommt, wie es kommt.)

Und wenn das noch nicht ausreicht, wie im Falle des unwiederbringlichen Verlustes der Jugend, des Reichtums oder des Gedächtnisses, dann wird auch schon mal gerne mit der zweitbeliebtesten Losung nachgelegt:

«Wat fott es, es fott.» (Was einmal weg ist, kehrt nie wieder.)

Und dem schließt sich nahtlos das dritte Rheinische Grundgesetz an:

Et hätt noch immer joot jejange. (Es ist noch immer gut gegangen).

Dieser dem Schicksal ergebenen Einsicht und Haltung ist es zu verdanken, dass der Rheinländer im Allgemeinen und der Kölner im Besonderen das Glas grundsätzlich als halbvoll ansieht. Diesen Zweckoptimismus mussten sich die Bewohner im Laufe der 2000-jährigen Stadtgeschichte und der damit verbundenen Wechselfälle der Geschichte zwangsläufig als Überlebensstrategie aneignen. Wie sonst sollte man als Kölner den Niedergang von der im Mittelalter größten Stadt Deutschlands zur titel- und ämterlosen Metropole zwischen der viel kleineren ehemaligen Bundeshauptstadt Bonn im Süden und der ebenfalls deutlich kleineren Landeshauptstadt Düsseldorf im Norden verkraften?

Wenn also beispielsweise alle paar Jahre in schöner Regelmäßigkeit die komplette, altehrwürdige Altstadt von «Colonia Claudia Ara Agrippinensium», so der alte römische Name der Stadt, wieder einmal meterhoch unter Wasser steht, weil der «Vatter Rhein» zu schwer getankt hat, dann schafft es nur der Kölner, sich darüber zu freuen, dass man in den letzten fünf Jahren ja außerordentliches Glück gehabt hat und vom Hochwasser verschont geblieben war – was ja eigentlich ein Grund zum Feiern sei.

Da wären wir bei des Pudels Kern der rheinischen Seele angelangt: dem Feiern. Böse Zungen behaupten, der 1. FC Köln steige nur deshalb ständig von der 2. in die 1. Fußball-bundesliga auf und wieder ab, damit die Kölner immer etwas zu feiern haben. Denn auch der Abstieg muss gefeiert werden, schließlich kann die ganze Mühe einer Saison nicht umsonst gewesen sein. Man muss dazu wissen, dass der 1. FC Köln nebst Schalke 04 der einzige Bundesligaverein ist, der auch als Zweitligist regelmäßig vor ausverkauften Stadionrängen spielt. Wenn Sie je das Vergnügen haben sollten, an einem Samstagnachmittag in der Nähe von Köln unterwegs zu sein und der 1. FC Köln ausnahmsweise wieder mal ein Spiel gewonnen haben sollte, dann wundern Sie sich nicht, wenn Ihnen wildfremde Menschen plötzlich um den Hals fallen, mit Ihnen auf der Straße tanzen, Ihnen ein Kölsch in die Hand drücken und aus den Kneipen laute Karnevalsmusik ertönt. Dat is dann vollkommen normaal ...

Der Kölsche Klüngel

Eine Eigenart der Rheinländer muss unbedingt noch erklärt werden: der Tratsch, in Köln Klüngel genannt. Der Rheinländer liebt es, über andere zu reden. Nicht um den anderen schlecht zu machen, sondern meist aus echter Anteilnahme und Besorgnis. Der Hang zum Klatsch ist also keinesfalls üble Nachrede, sondern nur das Bedürfnis, seine Sorgen (über andere) mit noch anderen zu teilen. Der Klatsch dient ferner der Rückversicherung, ob nur man selbst das so sieht oder ob die anderen nicht vielleicht gleicher Meinung sind. Diese Meinung kann sich, vor allem was das Urteil über Dritte angeht, täglich ändern und muss dann jeweils ausgiebig neu diskutiert werden.

Wie Sie mit einem Rheinländer fertig werden

Sagen Sie ihm direkt ins Gesicht, dass Sie seine dummen Sprüche leid sind. Er wird es verstehen, irgendwann. Und Ihnen für den Tipp dann noch lange, lange dankbar sein. Denn nachtragend ist er generell nicht. Wie auch, ist er doch gewohnt, eine Woche lang gegen alle Regeln des rheinischen Katholizismus zu verstoßen und dies dann am Sonntag mit zehn Ave-Maria wiedergutzumachen. Heute geht zwar kaum mehr einer, der weniger als 60 oder 70 Lenze zählt, zur Kirche, geschweige denn zur Beichte, aber dennoch ist diese zur Leichtigkeit animierende religiöse Prägung tief in der Volksseele verwurzelt.

Und wenn Sie einmal ernsthaft mit einem Rheinländer reden wollen, melden Sie das am besten deutlich an, zum Beispiel mit «Jetzt lass mal deine dummen Sprüche, ich muss mal was Ernstes mit dir besprechen».

Er kann, wenn er will, sehr ernst werden, der Rheinländer. Aber nur so lange, bis er die noch so ernst geführte Diskussion am Ende doch wieder auf die finale und universelle Erkenntnis jedes beliebigen Themas lenken kann: «Et kütt, wie't kütt.»

Sprachliche Erkennungsmerkmale

Im Gegensatz zu anderen Dialekten Deutschlands war das Kölsch zu keiner Zeit ernsthaft vom Aussterben bedroht. Denn in Kölle spricht man Kölsch, und zwar in allen gesellschaftlichen Schichten, vom Penner bis zum Stadtpräsidenten.

Markantestes sprachliches Merkmal ist das Nicht-Vorhandensein des anlautenden «Gs». Stattdessen wird konsequent das «J» verwendet. Hingegen wird aus dem auslautenden «B» in der Regel ein niederdeutsches «V» oder «F» (geben → «jevve», bleibt → «blicv», ab → «aff», ob → «off»). Weiter wird das anlautende «T» zum «D» (Tisch > «Desch», tun → «donn», Traum → «Droum»). Und aus einem «-eit» oder «-eid» wird in Kölner Landen ein «igg» (schneiden > «schnigge», läuten → «lügge», weit → «wigg», Zeit → «Zigg»). Darüber hinaus erkennt man die Rheinländer auch daran, dass sie gerne alles verniedlichen. Aber nicht etwa mit dem in der Schweiz zu diesem Zwecke gerne benutzen Anhängsel des

135

«li», sondern mit dem «sch», was entweder am Wortende an-
gehängt wird oder auch gerne das «ch» im Wortinneren ersetzt – oder beides auf einmal. So ergeben sich dann so lustige
Wörter wie «Hähnschenschenkelschen», womit ein Pou-
letbein gemeint wäre. Und die oder der Liebste wird zum
«Liebsche» (oder wahlweise auch Liebelein), aus einer gemüt-
lichen Stunde wird schnell ein «Stündsche» und ein Hund –
sei er noch so gross – zum «Hündsche».

Zum Einlesen oder Reinhören
Konrad Beikircher, «Am schönsten isset, wenn et schön is».
Die rheinische Neunte. Köstlich komische Sezierung der
rheinischen Gattung in mittlerweile neun Kabarettprogram-
men von einem «Wahl-Rheinländer». Als Buch, CD oder
live. www.beikircher.de

Die Schwaben

Dieser deutsche Stamm ist den Deutschschweizern am
ähnlichsten. Rein wissenschaftlich sind Deutschschweizer
und Schwaben ja auch verwandt, beziehungsweise sind die
Deutschschweizer ja eigentlich auch Schwaben, da der
deutschschweizerische Dialekt streng genommen zu den
schwäbischen Dialekten zählt. Was jedoch keine der beiden
Volksgruppen heute noch gerne hört, dafür hat der Schwa-
benkrieg (Januar bis September 1499 um die Vorherrschaft
im habsburgisch-eidgenössischen Grenzgebiet) zu heftig
getobt. Und seit besagtem Krieg, den die Eidgenossen
übrigens gewannen, nannten und nennen die Schweizer
alle Bewohner nördlich des Rheins abfällig «die Schwaben».

So weit wollen wir zwar nicht gehen, aber wir schließen
uns insoweit der Vereinfachung an, als dass «Schwaben» hier
synonym für die Bewohner des Landes Baden-Württemberg
steht. Man möge somit verzeihen, dass die gesamte Bewoh-

nerschaft Baden-Württembergs im Folgenden geeint und
trotz des besseren Wissens ob den ausgeprägten regionalen
Unterschieden allesamt als Schwaben bezeichnet werden,
ohne auf die im Detail durchaus frappanten Unterschiede
zwischen Badenern, Alemannen, Franken und Schwaben
einzugehen, denn das würde, bei konsequenter Anwendung,
letztlich zur Deduktion auf das einzelne Individuum führen,
was bei rund 82 Millionen Deutschen und 7,6 Millionen
Schweizern den Rahmen dieses Buches und die Fähigkeit der
Autoren definitiv sprengen würde.

Die Schotten Deutschlands
Man muss sich den Schwaben als die perfekte Kombination
zwischen Schweizern und Deutschen vorstellen: Man nehme
einfach alle positiven Eigenschaften des «Bünzli-Schweizers»
und addiere noch einige «deutsche Tugenden» dazu – et voilà,
der Schwabe ist erschaffen.

Wer kennt ihn nicht, den Spruch «Schaffe, schaffe, Häusle
baue»? Man nennt die Schwaben nicht umsonst die «Schotten Deutschlands», die im «Musterländle» leben. Und wer je
einmal länger mit einem Vertreter des Ländles zu tun gehabt
hat, kann den Hang des Schwaben, akribisch das günstigste
Angebot für eine Neuanschaffung im Wert von 10 Euro zu
verifizieren, den monatlichen Haushaltsplan ständig bis auf
zwei Stellen hinter dem Komma zu korrigieren oder den letzten Rest aus einer Senf- oder Zahnpastatube mittels Auf-
schneiden des Plastikgehäuses herauszupressen, sicherlich
bestätigen.

Nun, der Aufwand trägt Früchte. Baden-Württemberg ist
das reichste deutsche Bundesland. Und es soll angeblich der
Landstrich sein, wo die meisten Vorstandsvorsitzenden (=
Generaldirektoren oder neudeutsch: CEO) hinter mehr oder
weniger schmucklosen Fassaden im Reihenhäuschen wohnen. Denn der Schwabe schmückt sich – was auch Zwingli

gefallen hätte – nach außen nur ungern mit seinem Reichtum und beschränkt sich diesbezüglich auf das Nötigste. Oder anders ausgedrückt: Sie bauen Mercedes, aber fahren Opel.

Geizen auch mit Worten
Ein richtiger Schwabe geizt auch mit Worten. In dieser spartanischen Art schafft er es, ganze Sätze auf wenige Wörter zu komprimieren, was im Extremfall in einem «Jo» oder «Noi» endet. Missfallen artikuliert der Schwabe mit einem empörten «Ha noi». Wird er gefragt, ob ihm das Essen geschmeckt habe, ist das höchste Lob, was über seine Lippen kommt, «Nicht schlecht». Hat es ihm aber gar nicht geschmeckt, lautet die Antwort: «Es geht.» Womit auch schon alles gesagt wäre. Sicher schafft der durchschnittliche Süddeutsche mehr Wörter im Jahr als der durchschnittliche Norddeutsche, aber wettkampffähig ist das Ergebnis noch lange nicht und im Vergleich zu den geschwätzigen Berlinern und Rheinländern das reinste Schweigegelübde.

Selbstbewusst bis stur
Sie arbeiten halt lieber, als dumm zu schwätzen. Und wenn man am Wochenende schon nicht ins Büro zum Arbeiten muss, dann gibt es sicherlich zu Hause noch etwas zu tun. Die Bewohner des Schwabenländles sind – oder halten sich zumindest allesamt für – begnadete Handwerker und Bastler und daher die besten Kunden im stets nahe gelegenen Baumarkt. Nebst dem Erfindergeist, der den Schwaben von klein auf begleitet, treibt ihn dabei natürlich die Sparwut an. Schließlich könnte man ein paar Pfennige (an Eurocents denkt ein echter Schwabe noch immer nicht) sparen, wenn man die Holzverschalung des Reihenhäuschens selbst anbringt.

Der Wortkargheit zum Trotz überrascht der Schwabe mit

einem ausgeprägten Selbst- und Sendungsbewusstsein. Zu dieser Geisteshaltung hat ihm nicht nur der materielle Wohlstand, sondern vor allem der Erfindungsreichtum seiner Vorfahren verholfen. Das selbstbewusste Auftreten bekommen aber nicht nur die Schweizer Nachbarn zu spüren (Stichwort Fluglärmstreit), sondern auch die Bewohner der anderen Landesteile Deutschlands.

Sprachliche Erkennungsmerkmale
Das Schwäbische ist eigentlich ein Dialekt des Alemannischen, wie auch das Schweizerdeutsche. Daher klingt beides auf den ersten Satz auch recht ähnlich. Doch da die schweizerischen Gebiete relativ spät von den Alemannen besiedelt wurden (vor allem westlich der Aare, das Wallis und Graubünden blieben lange Zeit verschont), klingt es vielleicht dann doch etwas anders und unterscheidet sich deutlicher als sich beispielsweise das Badische und das Schwäbische unterscheiden.

Einige sehr amüsante Zungenbrecher:
– «Oi äu!» (Ein Ei!)
– «Wenn d' Hennâ dennâ send, no kemmr gau gao und dr Barbara dr Abbarad d' Trepp ra tra.» (Wenn die Hennen drin sind, dann können wir bald gehen und der Barbara den Apparat die Treppe hinuntertragen.)
– «Mõ gõhts dõ nõ?» (Wo geht es dort hin?)
– «Mõ gõhts nõ dõ nõ?» (Wo geht es dann dort hin?)
– «Mõ gõhts nõ nõ?» (Wo geht es dann hin?)
– «Dõ gõhts nõ na!» (Da geht es dann hinunter!)

Zum Einlesen oder Reinhören
Thaddäus Troll: Deutschland deine Schwaben. Im neuen Anzügle. Vordergründig und hinterrücks betrachtet, Neuausgabe Tübingen 2007. ISBN: 978-3-455-07745-2

Anton Hunger: Gebrauchsanweisung für Schwaben, Piper Verlag. ISBN: 78-3-492-27559-0

Die Norddeutschen

Hier ist es einfacher, mit dem anzufangen, was der Norddeutsche im Allgemeinen nicht ist: Er ist kein Ausbund an überschäumenden Emotionen, er hat seine rosa Wangen vom kalten Seewind und nicht vor lauter Herzlichkeit, und er redet kein unnötiges Zeug und schon gar nicht auf Hochdeutsch. Die Leute aus Schleswig-Holstein, Niedersachsen und Mecklenburg-Vorpommern beschreiben sich sogar selbst nicht ohne Stolz und recht gerne als «kernig», «knorrig», «wetterfest», «wortkarg» und «naturverbunden».

Daraus unmittelbar den Schluss zu ziehen, dass der norddeutsche Mensch stur und ungesellig sei, wäre womöglich verkürzt – aber keinesfalls gänzlich aus der Luft gegriffen. Denn man sagt den deutschen Flachländlern gerne eine gewisse Eigenbrötelei und eine etwas mürrische Distanz zu ihren Mitmenschen nach. Das mag grundsätzlich stimmen, aber nicht jeder Norddeutsche läuft grimmig im Friesennerz (quietschgelber Gummimantel) durch die Gegend, murmelt Sätze auf Plattdeutsch in seinen Rauschebart und versucht dabei die Pfeife im Mund nicht zu verlieren. So wird man kaum jemanden antreffen, der einem ein «Du sühst ook vör so good as achtern!» («Du siehst vorn so gut wie hinten!») hinterherruft, wenn man ihn aus Versehen anrempelt, während man staunend an der Festung der Flensburger Brauerei vorbeigeht.

Nun lebt der Norddeutsche ganz gut vom Tourismus und ist daher quasi gezwungen, zumindest ein bisschen nett zu den Fremden zu sein, die sein Land besuchen und ihr Geld dort ausgeben. Das wird aber kaum so weit reichen, dass er mit einem Süddeutschen oder gar einem Schweizer Hochdeutsch praktizieren wird. Das sprachliche Entgegenkommen der

Norddeutschen hält sich in engen Grenzen. Die sprachliche Barriere, die der Nichtteilnahme der Norddeutschen an der Zweiten Deutschen Lautverschiebung zu verdanken ist, mag ein Grund dafür sein, warum man Norddeutsche tendenziell eher selten außerhalb ihres heimatlichen Territoriums antrifft. Sie bleiben eigentlich lieber in flachen Landen.

Exkurs: Die Hamburger
Eine Ausnahme sind sicher die urbanen Bewohner des Großraums Hamburg. Die Vertreter der freien Hansestadt kommen in der selbst bestimmten Schweiz oftmals besser zurecht als andere Deutsche. Dabei treten sie im Allgemeinen sehr selbstbewusst, aber bescheiden auf und zeigen entsprechend ihres norddeutschen Naturells kaum Emotionen. Ähnlich wie die Landsleute an der Küste gelten auch die Hanseaten als eher kühl, distanziert und diszipliniert, was aber keinesfalls unfreundlich gemeint ist. Mit dieser mentalen Haltung verstehen sich die Nordlichter eigentlich sehr gut mit den Schweizern. Zürich und Hamburg sind zwar von der Größe her nicht zu vergleichen, aber beide Städte haben doch irgendwo ein ähnliches Flair.

Der Norddeutsche braucht wirklich lange, bis er aufgetaut ist und dem anderen ein Freund wird. Aber dann, das ist gewiss, bleibt er es auf Lebenszeit. Halbgare Dinge sind nämlich nicht sein Ding. Sekt oder Selters, Freund oder Fremder. Moin-moin.

Sprachliche Erkennungsmerkmale
Der Norddeutsche neigt nicht zum üppigen Redeschwall. Denn mit Plattdüütsch kann man auch ohne viele Worte unendlich viel sagen: Spricht der Küstenbewohner sein obligates «Moin» in kurzer und knapper Form, meint er: «Ich begrüße dich, aber das soll auch alles sein.»

Zieht er das «Moin» aber etwas in die Länge und am Ende

die Betonung etwas nach oben, meint er: «Ich begrüße dich und freue mich, dich mal wieder zu sehen. Aber das soll es auch gewesen sein.»

Sagt er hingegen sein «Moin, moin» mit einer abfallenden Betonung, meint er: «Ich begrüße dich, mein Freund, und bin bereit zu einem kleinen Gespräch.»

Wenn er aber das «Moin, moin» mit einem Anstieg der Betonung ausspricht, meint er damit: «Hallo, mein Freund, ich freue mich ehrlich, mit dir mal wieder ein paar Worte wechseln zu können.»

Zum Einlesen oder Reinhören
Plattdeutsch-Sprachkurs auf Radio Bremen:
www.radiobremen.de/online/platt/kurs/cd/index.html
http://www.plattmaster.de/

Die Bayern

Da sich die Einwohner des im November 1918 ausgerufenen Freistaates Bayern ja eigentlich gar nicht zur Bundesrepublik Deutschland zählen und ergo alles nördlich von Würzburg, südlich von Garmisch Partenkirchen und westlich von Lindau am Bodensee grundsätzlich als Feindesland betrachten, traut sich der Bayer höchst ungern über die eigenen Grenzen (nach Norden hin: Weißwurstäquator) des größten deutschen Bundeslandes. Insofern trifft man sie auch kaum in der Schweiz an. Wenn doch, werden sie sich ganz sicher über die zu klein geratenen Biergläser und die komische Sprache auslassen. Dass sie selbst außerhalb ihres Freistaates von keinem anderen Stamm verstanden werden, ist ihnen noch nie aufgefallen, weil sie selbst die Leute auch kaum verstehen können und es sie eigentlich aber gar nicht kümmert, wenn sie von Auswärtigen nicht verstanden werden, denn «des san ja eh alles Deppen».

Wenn Sie von einem Bayern erwarten, dass er Hochdeutsch spricht, wenn Sie ihm mit gerunzelter Stirn, fragendem Blick und zuckenden Achseln deutlich signalisieren, dass Sie seinen Worten inhaltlich nicht folgen können, werden Sie enttäuscht: Er wird lauter reden, wenn Sie ihn nicht verstehen. Er wird langsamer reden, wenn Sie ihn nicht verstehen. Aber Hochdeutsch kann er nicht.

Abgesehen von diesem grundlegenden separatistischen Sprachgehabe ist der Bayer auch rein optisch ein munterer Sonderfall in Deutschland. Sicher, jedes Völkchen hat seine eigenen Trachten und am Trachten- oder Heimatfest werden diese aus dem Museum geholt, abgestaubt und angezogen. Der Bayer indes läuft jeden Tag in seinen alten Trachten umher, und nur wenn er das aus irgendeinem Grund (Beruf oder so) nicht täglich darf, dann spätestens jeden Sonntag in der Kirche. Dort trifft er dann den Einzigen, der dem Bayern doch noch Respekt einflößen kann: den Herrgott. Und das ist auch gut so. Wären die Bayern nicht so furchtbar gottesfürchtig und katholisch erzogen, wer weiß, was dieses Völkchen sonst noch alles so angestellt hätte. So ist es bei den alle zehn Jahre stattfindenden Passionsfestspielen in dem kleinen, sehr katholischen, bunt und lieblich bemalten Dorf Oberammergau geblieben.

Der Bayer liebt, lebt und pflegt seine Traditionen. Innovatives Zeug hat es demzufolge sehr, sehr schwer im Bayernländle. Moderne Einstellungen (Emanzipation, Gleichberechtigung, Vaterschaftsurlaub oder so was) haben es noch viel schwerer. In ländlichen Gebieten ist es für solch revolutionäres Gedankengut schlichtweg unmöglich, an die Oberfläche zu gelangen.

Die Bayern mögen die Preußen (= alles nördlich von Bayern) schon aus geschichtlichen Gründen nicht sonderlich (Schuld ist der 1866 verlorene Preußisch-Österreichische Krieg, in dem Bayern an der Seite Österreichs eine Niederlage gegen die seither verhassten Preußen erlitt. 1871 wurde

Bayern dann widerwillig zu einem Teil des neu gegründeten Deutschen Reiches, handelte sich aber das Recht auf ein eigenes Post-, Eisenbahn- und Heereswesen aus). Diese Chose ist zwar mehr als 140 Jahre her, aber gewisse Ressentiments überleben vermutlich sogar eine globale Eiszeit. Jedenfalls ist es besonders für die besonders traditionsbewussten Bayern äußerst hart zu ertragen, dass die «Saupreußn» heuer ein- oder im schlimmsten Fall zweimal im Jahr für zwei bis drei Ferienwochen in Bayern einfallen, die unschuldigen Berge hochtrampeln oder im Winter auf Skiern runterpoltern, die Kneipen bevölkern und das bayrische Bier wegtrinken. Aber wenn sich ein «Saupreuß» in Bayern niederlässt, ist das nochmals ein ganz anderes Kapitel. Selbst wenn er oder sie in Trachten umeinandläuft, sich nach ein paar Jahren richtig bayrisch anhört und literweise Bier trinken kann – sie oder er werden Zeit ihres Lebens als «Zugereiste» und bei dem kleinsten Fehltritt schlicht als «Preußn» oder je nach Schwere des Vergehens als «Saupreußn» betitelt werden. So sans halt, die Baazis …!

Exkurs: Die Münchner

Es ist eine weitere Besonderheit des Freistaates Bayern, dass die Bewohner der Landeshauptstadt so ganz anders sind als die übrige Bevölkerung. Was dazu führt, dass die Münchner in Bayern gar nicht so einen guten Stand haben, wie man eigentlich meinen sollte. Im Gegenteil. Fallen die Hauptstadtbewohner am Wochenende mit ihren schweren Luxuskarossen in das schöne Bayernland zum Skifahren oder Wandern ein, trifft sie mitunter schon einmal die geballte Abneigung der einheimischen Landbevölkerung. Denn die Münchner sind in Bayern als arrogante Snobs verschrien und die Münchner geben sich in der Tat alle Mühe, diesem Ruf gerecht zu werden. Es fängt schon damit an, dass in München kein richtiges Bairisch geredet wird. Das wurmt den

Bayern ganz schön, doch der Münchner will ja Kosmopolit sein und streut lieber ein paar englische Begriffe in seine Rede vor der Nordafrikanischen Handelsdelegation als ein paar Brocken Bairisch.

Für alle Nicht-Bayern ist indes München der einzig Ort in Bayern, wo sie jemanden finden werden, der Geschäfte mit einem Zugereisten macht oder ihm ohne große Komplikationen eine verantwortungsvolle Anstellung gibt.

Sprachliche Erkennungsmerkmale

In der bairischen Sprache gibt es kein «ü». Also, es gibt theoretisch schon ein «ü» auf dem Papier, aber nicht in der gesprochenen Realität. Dort ersetzt der Bayer das «ü» konsequent und auf vielerlei Arten. Beispielsweise mit «i» wie etwa «Schissl» (Schüssel), «Strimpf» (Strümpfe), «Hittn» (Hütte), «Minga» (München), «iwanaachti» (übernächtigt). Oder er macht gleich aus dem «ü» ein «ia» und formt damit Worte wie «siass» (süß), «miad» (müde), «Kiah» (Kühe), «Fiass» (Füße) oder «Griass di» (Grüß dich). Manchmal wandelt der Bayer das «ü» aber auch nur leicht in ein «u» oder etwas Ähnlichcs, wie bei dem Wörtchen «Bruck» (Brücke), «Muggn» (Mücke), «hupfa» (hüpfen), «Gfuih» (Gefühl), «abkuihn» (abkühlen), «auffuin» (auffüllen). In besonderen Einzelfällen taucht das «ü» auch schon mal als «ea» auf, so etwa in «grea» (grün) und «Bleamal» (Blümchen). Und zu guter Letzt gibt es auch noch zahlreiche Fälle, in denen der Bayer das schriftdeutsche Wort lieber gleich komplett mit einem bairischen Wort ersetzt. Küssen wird zum «Bussln», das Pflücken zum «Brocka», die Pfütze zur «Lacka» und das Hühnchen zum «Henndl».

Nebst dem quasi nicht existierenden «ü» hat der Bayer noch eine zweite verbale Extravaganz auf Lager: Die doppelte Verneinung. Dabei handelt es sich um eine sprachliche Besonderheit, welche die Bayern für sich gepachtet haben und

deren Nonsens noch jenen der doppelten englischen Verbal-
versicherung («It's nice, isn't it?») übertrifft und in etwa solche Ausprägungen annehmen kann: «Jo mei, ham' mer etwa
keine Wurscht nit dahoim?»

Zum Einlesen oder Reinhören
Einige sehr gelungene Kostproben bieten die legendär gewor-
denen Ansprachen («Problembär», «Hauptbahnhof») des
ehemaligen Bayrischen Ministerpräsidenten Edmund Stoi-
ber, die man in den Tiefen des Internets unter dem Stichwort
«Edes Brüller» oder «Edes Klassiker» in Sekundenschnelle ge-
ortet hat.

Auch sehr hilfreich, unterhaltsam und witzig: Die köst-
lich-komischen Stücke des bayerischen Kabarettisten, Au-
tors, Fernseh- und Filmschauspielers Gerhard Polt.

(www.bayrisch-lernen.de, www.poltseite.de)

Die Mitteldeutschen

Man möge verzeihen, dass auch hier aus den schon genannten Gründen (vgl. S. 136ff., «Die Schwaben») die Stämme
der Hessen und Pfälzer unter dem Oberbegriff «Die Mitteldeutschen» zusammengefasst werden, auch wenn die beiden
natürlich einem vollkommen unterschiedlichen Menschenschlag angehören und ihre ganz eigenen Eigenarten pflegen …
Rein geografisch betrachtet, sollte man auch Thüringen und
Sachsen-Anhalt zur Mitte dazurechnen, aber aufgrund der
unterschiedlichen gesellschaftlichen Sozialisation werden
diese Völker hier dem politisch gemünzten Begriff der Ostdeutschen (siehe S. 151ff., «Die Ostdeutschen») zugeordnet.

Das urwüchsige «Hesseland» liegt im Herzen von
Deutschland, grenzt an Bayern und profitiert sehr vom guten
Mineralboden, der von Laien auch «Lehmboden» genannt
wird. In «Hesse» siedelt eines der letzten Völker, das eine eigene Sprache (in diesem Fall eine Abwandlung vom Mittel-

deutschen) entwickelt hat: «die Hesse». Außerdem ist Hessen das einzige europäische Land, das die Todesstrafe noch in seiner Verfassung verankert hat (Artikel 21 Absatz 1 Satz 2). Dies ist jedoch nicht als Ausdruck einer gewissen strafrecht-lichen Rückständigkeit oder eines besonderen Hanges zu drakonischen Strafen zu werten, sondern rührt schlicht da-her, dass bei Erlass der hessischen Verfassung 1946 das deut-sche Strafrecht noch die Todesstrafe kannte, die tatsächlich auch noch regelmäßig verhängt und vollzogen wurde. Erst das Deutsche Grundgesetz von 1949 verfügte die Aufhebung der Todesstrafe, und da Bundesrecht das Landesrecht bricht, kann in Hessen de facto keiner mehr zum Tode verurteilt werden. Dennoch hat sich der entsprechende Verfassungsar-tikel hartnäckig jeder hessischen Verfassungsreform wider-setzt (sogar die Bayern haben ihn irgendwann mal gestri-chen!).

Damit nicht genug der Eigenheiten. Die Hessen sind zu-dem auch das einzige Völkchen, das sich seit der außerordent-lich frühen Besiedlung in der Altsteinzeit stets strikt geweigert hat, an irgendeiner Form der Völkerwanderung teilzunehmen. Sei es aus Unwissenheit, Angst oder Faulheit – oder einfach, weil der Hesse sein Ländle so schön fand, das er nie einen Grund sah, es zu verlassen. Warum auch immer – der Hesse ist geblieben, wo er hingehört: bei seinen Apfelbäumen, die ihm den unersetzlichen Grundstoff für sein Nationalgetränk, den Apfelwein, den sogenannten «Ebbelwoi», spenden.

Exkurs: Die Frankfurter

Frankfurt steht in Deutschland wie Zürich in der Schweiz als Synonym für die Finanzpotenz beider Länder. Dabei zeigt der Finanzplatz Zürich ein starkes Konkurrenzdenken und will ständig größer, besser oder schneller – oder am besten alles zusammen – als Frankfurt sein, während Frankfurt nie auch nur einen überflüssigen Gedanken an Zürich verschwendet – außer es geht um die Möglichkeit, Geld am deutschen Fiskus vorbeizumanövrieren.

Die Internationalität der Finanzmärkte hat nunmehr auch dazu geführt, dass viele Frankfurter Banker in Zürich anzutreffen sind. Sei es nur ein Meeting lang, für einen Tag, für ein Jahr oder für länger. Bleiben sie länger als ein Jahr, bleiben sie oftmals für immer – spätestens nachdem sie gemerkt haben, dass die 10 Prozent monatliche Quellensteuer tatsächlich alles war, was sie von ihrem Einkommen an Steuern abführen müssen, und dass der Bonus, der im Februar oder März auf ihrem Konto erscheint, Bargeld ist.

Die Frankfurter Banker in Zürich sind schlimm. Sie benehmen sich so, wie es die Schweizer im allerschlimmsten Fall von den Deutschen erwarten: großkotzig, ignorant, arrogant. Da verlauten dann so schmerzhafte Lobpreisungen wie die, dass in Zürich alles so klein und überschaubar sei, dass man alle wichtigen Kollegen zu Fuß besuchen kann, dass man hier die paar wichtigen Leute ja recht schnell kennen lernt, dass alle so nett zueinander sind … und so folgt eine Klatsche nach der anderen (siehe auch S. 183ff., «Die Do Nots für Deutsche») auf das empfindsame eidgenössische und insbesondere auf das strapazierte zürcherische Gemüt (siehe auch S. 13 «Fakten zur Neuen Deutschen Welle» und S. 161ff., «Die Zürcher»).

Sprachliche Erkennungsmerkmale
Die Sprache der Hessen ist sehr unverständlich für alle Nicht-Hessen und zählt zu den mitteldeutschen Dialekten. In Hessen selbst gibt es aber wiederum viele einzelne verschiedene «Sprachen», es wird unterschieden zwischen süd-, nieder-, ober- und osthessischen Mundarten. Jedoch haben alle denselben Aufbau: Möglichst alles im Präsens und so unverständlich wie es nur geht aussprechen! Die einfachste Art, etwas undeutlich auf Hessisch auszusprechen, ist das «g» als «sch»

und das «st» als «schd» auszusprechen. Dann wird aus dem Schornsteinfeger der hessische «Schornschdeinfescher. Die Sprache ist ein Grund, warum der Hesse ein gern gesehenes Opfer in Comedy-Shows ist und häufig Einzug in humoristisch diskreditierendes Liedgut gefunden hat («Erbarme, die Hesse komme!»).

Die bodenständigen Pfälzer

Die Pfälzer, ein gleich westlich neben den Hessen angesiedeltes Völkchen, gelten im Allgemeinen als unverfälschter Menschenschlag, geradlinig und bodenständig, als ein wenig derb und deftig und insgesamt eher etwas unbeholfene Zeitgenossen (man denke an Altbundeskanzler Helmut Kohl, seines Zeichens Pfälzer vom Scheitel bis zur Sohle). Zwar sind sie durchaus pfiffig, aber verstehen es schlecht, diesen Geist auch geschliffen zur Schau zu tragen. Die daraus resultierende Unsicherheit versucht der Pfälzer oftmals mit übertriebener Lautstärke zu überspielen, wodurch aus dem Pfälzer schnell ein «Krischer», also ein Schreier wird. Damit wäre der allseits bekannte «Pfälzer Krischer» geboren, was sich an den vielen, vielen Weinfesten der Region aber als durchaus nützliche Eigenschaft erweisen kann. Beispielsweise wenn man im Gedränge der degustier- und trinkwütigen Masse seine Familie (oder zu später Stunde auch schon die gesamte Orientierung) verloren hat.

Die weltberühmten Weinfeste der Pfalz sind Ursprung der ebenso bekannten Pfälzer Gemütlichkeit. Man setzt sich gerne zusammen an einen Tisch und speist und trinkt gemeinsam. Schweizer Gäste sollten nicht erschrecken, wenn die Gläser, aus denen der Hauswein getrunken wird, einen halben Liter fassen. Diese Behältnisse werden als Schoppengläser bezeichnet. Meist handelt es sich dabei um das traditionelle Pfälzer «Dubbeglas». In beschaulicher Runde ist es nicht unüblich, dass der Schoppen reihum gereicht wird.

Die Gemütlichkeit sollte aber nicht darüber hinwegtäuschen, dass die Pfälzer auch ganz schön ungemütlich werden können, wenn ihnen etwas nicht passt. Dann können auch schnell mal die «Donnerkeile» fliegen: «Dunnerkeitel» ist ein gebräuchlicher pfälzischer Fluch. Die Pfalz war als Grenzland oft zwischen die Fronten geraten, was einerseits zu einem hohen Pfälzer Zusammengehörigkeitsgefühl geführt hat und andererseits zu einer gewissen nicht abzusprechenden Kampfeslust der Pälzer, die dementsprechend maßgeblich am Bauernkrieg (1525), am Hambacher Fest (1832) und an der Märzrevolution (1848) beteiligt waren.

Sprachliche Erkennungsmerkmale
Die Pfälzer Sprache (Schbrooch) ist wie die Leute in der Pfalz: recht derb und direkt. Dabei werden auch ursprünglich wohlklingende Worte aus dem Französischen eingedeutscht, so das aus dem «Pot de Chambre» der «Potschamber» (Nachttopf) wird.

Das Universalwort des Pfälzers ist «alla». Damit ist aber keinesfalls der Gott des Islam gemeint, sondern eigentlich heißt das Wort nichts weiter als «alle» und wird daher zu allen Gelegenheiten, spätestens jedoch in jedem zweiten Satz, verwendet. Mit «alla» kann man darüber hinaus jedes erdenkliche Gespräch beginnen und auch jederzeit wieder beenden.

Das derbe in der Pfälzer Schbrooch zeigt sich vor allem an der häufigen Verwendung von Begriffen, die der Fäkalsprache zugeordnet werden.

Nebst alla ist «Verz» das zweite Lieblingswort des Pfälzers, das er zu ganz vielen Gelegenheiten konjugieren kann. Eigentlich kommt «Verz» von Furz, aber «mach kaa Verz» heißt so viel wie: Mach keinen Unsinn. Ein «Verzbeitel» ist jemand, der gerne große Sprüche klopft, und jemand, der zu viel redet, bekommt recht schnell ein ehrlich gemeintes «Spar dir dei Verz» zu hören. Und der «Verzverdeeler» ist dann guten Endes der Rückenschlitz eines Mantels (Furz-verteiler).

Zum Einlesen oder Reinhören
– http://web.uni-marburg.de/sprache-in-hessen//welcome.
  html, www.aeppelsche-homepage.de (Hessisch für Aus-
  werrdische)
– Michael Konrad: Saach bloß. Geheimnisse des Pfälzischen. Rheinpfalz Verlag, Ludwigshafen 2006,
  ISBN: 3-937752-02-1
– Michael Konrad: Saach bloß 2. Noch mehr Geheimnisse
  des Pfälzischen. Rheinpfalz Verlag, Ludwigshafen 2007,
  ISBN: 978-3-937-75203-7.

Die Ostdeutschen

Ostdeutschland wird hier mehr als politische denn als geo-grafische Einheit definiert. Ließe man der Geografie den Vor-tritt, würde Mecklenburg eher als Norddeutschland und Thüringen und Sachsen-Anhalt als Mitteldeutschland karto-grafiert. So liegt beispielsweise das «ostdeutsche» Erfurt west-licher als die bayrischen Städte Regensburg und München. Dennoch hält sich für alle «fünf neuen Bundesländer» die einheitliche (wenn auch geografisch falsche) Bezeichnung Ostdeutschland.

In der Schweiz sind die neuen Mitbürger aus Thüringen, Mecklenburg Vorpommern, Sachsen, Brandenburg, Sach-sen-Anhalt und Berlin vorwiegend als Arbeitnehmende im Gastronomie- und Handwerksbereich anzutreffen, wo sie für Schweizer Verhältnisse zu Dumping-Löhnen ihr «großes» Geld machen. In Ostdeutschland erblühten entgegen der Prophezeiungen von Altbundeskanzler Helmut Kohl näm-lich keine Landschaften, sondern Arbeitslosigkeit, Unzufrie-denheit, Missmut und, ja man muss es so sagen, in weiten Teilen Armut und Tristesse. Aufgrund der weit verbreiteten

Perspektivlosigkeit sehen sich junge Menschen, die nicht zur Untätigkeit verdammt sein wollen, gezwungen, in andere Gebiete umzusiedeln – beispielsweise in die Schweiz. Die Abwanderung übertrifft auch zwanzig Jahre nach dem Fall der Mauer noch immer die Zuwanderung.

Abgesehen von einem – teilweise durchaus verständlichen – Hang zum Selbstmitleid hat sich der Ostdeutsche im Allgemeinen aber als ganz nett und anpassungsfähig erwiesen. Was den Humor angeht, gibt es einige Schwierigkeiten, da der Ostdeutsche im Allgemeinen eher wenig Sinn für Ironie mit sich bringt. Was allerdings für den Aufenthalt in der Schweiz kein Nachteil ist, sondern sich im Gegenteil höchstwahrscheinlich als Vorteil erweisen wird (siehe auch S. 117ff., «Die Schweizer sind ... langsam»).

Hingegen wird der Ostdeutsche in der individualistisch geprägten Schweizer Gesellschaft die elementaren solidarischen Grundzüge seiner eigenen Sozialisation vermissen. Denn der Ostdeutsche hat immer noch einen sehr ausgeprägten Gemeinschaftssinn für das Zusammenleben mit seinen Leidensgenossen. Mehr als vierzig Jahre praktizierter Sozialismus haben eben ihre Spuren in der Mentalität der Menschen hinterlassen. Solidarität wird noch immer großgeschrieben. So wird in einem «Leibdzscher» Betrieb niemand meckern oder zumindest insgeheim darüber fluchen, dass Kollege Meier schon zum dritten Mal in diesem Winter wegen Grippe zu Hause bleibt und die Arbeit alle anderen übernehmen müssen – nein, der Ostdeutsche erblüht dann voller echtem Mitgefühl für Kollege Meier, der mit seinem schwachen Immunsystem kämpft.

Was das menschliche Sozialverhalten angeht, hat der praktizierte Sozialismus zum Glück überlebt, Noch heute sind Mitgefühl und Hilfsbereitschaft im Osten Deutschlands mehr als leere Worthülsen. Ein Kollege wird Ihnen immer seine Hilfe anbieten. Beispielsweise wenn der Kopierer im

Büro streikt und sich westlich geprägte Mitarbeiter in einer ersten blitzschnellen Reaktion leise und unbemerkt von dannen schleichen und lieber den Kopierer auf einem anderen Stockwerk konsultieren, als sich der Aufgabe zu widmen, den störrischen Vervielfältigungsautomaten wieder zum Laufen zu bringen, wird sich der Ostdeutsche dem Problem bereitwillig annehmen und dabei größte Unterstützung von seiner Kollegenschaft erfahren. Am Ende stehen zehn Leute um den Kopierer rum und geben dem einen, der versucht, den Papierstau zu entfernen, nette, aber nicht immer zum Ziel führende Ratschläge.

Zwangsweise irgendwo Rumstehen ist generell etwas, mit dem der Ostdeutsche wenig Probleme hat. So scheint es ihm so rein gar nichts auszumachen, wenn er ewig lang in irgendwelchen Schlangen drängeln und warten muss. Worauf auch immer – sei es, an der Fleischtheke bedient zu werden oder Einlass ins Theater zu bekommen. Wenn dem Rheinländer dann vor lauter Warten schon kein Witz mehr einfällt, der Norddeutsche stoisch den Blick auf den Boden heftet, der Arbeitsausfall des Süddeutschen bereits exakt berechnete 35,75 Euro angenommen hat und alle ungeduldig von einem Fuß auf den anderen treten, steht der Ostdeutsche noch immer ruhig da.

Eine der großen Errungenschaften, die sich der Osten Deutschlands (und auch Europas) auch nach der Eingemeindung bewahren konnte, ist der progressive Umgang mit der Weiblichkeit. Wie in fast allen sozialistisch geprägten Gesellschaften ist die Gleichberechtigung von Mann und Frau in diesen Ländern schon seit längerer Zeit Realität und Normalität geworden und gesellschaftlich voll akzeptiert. Wenn eine Frau in Erfurt, Dresden, Weimar oder Stralsund ihr sechs Monate altes Kind also in den (bezahlbaren!) Kinderhort gibt, um wieder ihre Arbeit als Abteilungsleiterin in der Speditionsfirma aufzunehmen, dann wird sie keinesfalls als Rabenmutter schief angeguckt, sondern fällt überhaupt nicht auf. Im Gegenteil, Mütter, die nicht in ihren Beruf zurückkehren und zu Hause bleiben, werden erstaunt nach den Gründen für diese außergewöhnliche Entscheidung gefragt.

Zum Einlesen oder Reinhören
- Peter Ensikat, Populäre DDR-Irrtümer, bebra Verlag, Berlin 2008. ISBN: 978-3-86124-623-7
- Das politische Kabarett des Ostens: Die Distel. http://www.distel-berlin.de

Die Sachsen

Schon zu Zeiten der Deutschen Demokratischen Republik waren die Sachsen irgendwie etwas Besonderes, stets so ein bisschen anders als die anderen – eine Wahrnehmung, die sich nicht nur auf den sehr prägnanten sprachlichen Dialekt beschränkt. Rein quantitativ waren die Sachsen den übrigen Ossis damals schon deutlich überlegen (rund 11 Millionen der insgesamt 17 Millionen Einwohner der DDR waren Sachsen), was ihnen aber nicht unbedingt Sympathiepunkte eingebracht hat, denn auch rein funktional waren sie dem übrigen DDR-Staatsvolk oft überlegen, da die obersten Posten im Arbeiter- und Bauernstaat zu oft mit Sachsen besetzt waren (Erich Honecker war eine der Ausnahmen), was die Berliner Preußen natürlich gar nicht lustig fanden.

Der Umstand, dass zwei von drei DDR-Bürgern sächselten und viele jener Staatsmänner des Ostens, die immerzu ein Mikrofon vor die Nase gehalten bekamen, ebenfalls sächselten, hatte in der naiven westlichen Außenwahrnehmung stets dazu geführt, dass man glaubte, in der DDR sprächen alle Leute so, woraus bei vielen Mitmenschen, die in Geografie, Geschichte und Völkerkunde nicht so sattelfest sind, die Kurzformel DDR = Sachsen im Hirn entstanden ist. Was weniger den Sachsen stört als den Rest der

Ostdeutschen Landsleute aus den anderen neuen Bundesländern.

Viele der Sachsen, die in die Schweiz ausgewandert sind, fühlen sich als Gewinner. Denn abgesehen von den sprachlichen Unterschieden dürfte der Sachse in der Schweiz nur geringe Anpassungsprobleme haben. Weil der Sachse im Grunde seines Herzens ja auch ein Kleinbürger ist. So ganz klassisch mit Gartenzwergen im Vorgarten und Häkeldeckchen auf dem Telefontischlein. Solche Accessoires sind in der Schweiz vielleicht nicht mehr so ganz en vogue, aber rein von der Mentalität her dürften Bünzlitum und sächsische Kleinbürgermentalität sehr gut kompatibel sein.

Der Hang zum Spießertum wird eigentlich nur durch eine herausragende Eigenschaft der Sachsen gebrochen: Der Sachse hat die Fähigkeit, über sich selbst zu lachen – und das ist seine ganz große Stärke. Wobei «stark sein» stets ein erstrebenswerter Daseinzustand ist, was in dem sächsischen Lebensmotto deutlich erkennbar ist:

«De Weeschn besieschn de Hardn.»
(Die Weichen besiegen die Harten.)

Beispiele unvergleichlicher sächsischer Sprachkultur:
– Beschorglaaass (Becherglas)
– Rahdscho (Radio)
– Gaggau (Kakao)
– Garacho (hohe Geschwindigkeit!)
– Ä Gäffschn plätschorn (Kaffee trinken)
– Euja (Ja, doch. Zustimmung einer befremdlichen Art und Weise)
– Gombschudor (allgemein als Computer bekannt, auch Gombjudoar)
– Nor (Universalwort, aber für Ungeübte nicht aussprechbar, Achtung! Entgegen allen unwissenden Vermutungen vor allem zustimmend gemeint!)

- Gänsefleisch dn Gofferaum offmachn? (Können sie den Kofferraum aufmachen?)
- Gummifuftscher (Kondom)

Zum Einlesen oder Reinhören
- www.die-sachsen-kommen.de

Die Berliner

Die «Berliner Schnauze» ist auch in Deutschland bundesweit gefürchtet. Nicht ohne Grund, denn der Berliner ist wirklich sehr laut, sehr direkt und sehr derb. Muss er ja auch, sonst wäre der (West-)Berliner rund 40 Jahre lang im Rest der damaligen Bundesrepublik wohl kaum gehört worden. Als einstige Enklave in der früheren Deutschen Demokratischen Republik führten die Westberliner spätestens seit dem Ende des Zweiten Weltkrieges rundum ein Dasein als Sonderlinge, was noch heute – Hauptstadt hin oder her – das bunte Stadtbild, die avantgardistische Kunstszene und die eigenbrötlerische Mentalität, die eher auf der links-alternativen bis autonomen Welle schwimmen, prägt. Daran hat auch die Fusion mit dem Ostteil der Stadt nichts geändert, im Gegenteil, die Zusammenführung der beiden optisch so verschiedenen Stadtteile hat Berlin noch ein bisschen mehr das Prädikat «besonders» verliehen.

Besonders ist auch die Ausdruckswelt der Berliner Sprache. Zur Unterstreichung der Wichtigkeit seiner Aussagen bedient sich der Berliner gerne aller denkbaren Kraftausdrücke in allen in Berlin gesprochenen Sprachen (und das sind ganz schön viele). Da kann der unbedarften Seele im ersten Kontakt mit einem Berliner schon einmal das nackte Entsetzen in die Knochen fahren. Derbe Sprüche sind aber nie so gemeint, wie sie sich anhören, sondern nur im übertragenen Sinne zu verstehen.

Auch wenn es dem unbedarften Schweizer im ersten Kontakt mit einem Berliner schwerfällt zu glauben, aber hinter dem Redeschwall des Berliners verbirgt sich ein durch und durch gutes und liebenswertes Herz. Die Bereitschaft, Ihnen dieses auszuschütten, ist überdurchschnittlich hoch, vor allem an schweizerischen Maßstäben gemessen. Es kann Ihnen also passieren, dass Sie die komplette Lebens-, Liebes- und Leidensgeschichte des neu zugezogenen Berliners von nebenan viel schneller und detaillierter erfahren, als es Ihnen überhaupt jemals lieb gewesen wäre (siehe auch S. 105 ff., «Die Deutschen sind … aufdringlich»). Denn die auffälligste Eigenart der Berliner ist ihr ausgeprägter Mitteilungsdrang. Der Berliner redet und redet und redet. Irgendwie ist es ihm auch völlig egal, ob ihm nach den ersten zweiundzwanzig Sätzen noch jemand zuhört – auf eine Antwort braucht der Berliner sowieso nicht zu warten, die gibt er sich selbst, da er sowieso alles besser weiß als all die anderen.

Und wenn Jammern in Deutschland Volkssport wäre, würden die Berliner stets an der Spitze der Liga stehen. Natürlich gibt es an der mit Abstand größten deutschen Stadt und einzigen wirklichen Metropole auf deutschem Boden auch viel auszusetzen – an einer Ecke wird seit Jahrzehnten gebaut, an einer anderen Ecke sind die Häuser von den Linken besetzt, in einem Viertel wird alles abgerissen, ständig wird der Straßenverkehr umgeleitet, fast überall sind die Mieten gestiegen, in einigen Ecken traut man sich nicht mehr unbewaffnet auf die Straße, und die Currywurst wird auch immer teurer.

Wobei Letzteres für einen waschechten Berliner das Dramatischste sein dürfte. In der Stadt, wo die Currywurst erfunden wurde, kann man schätzungsweise alle 500 Meter diese klein geschnittene und in warmer Ketchupsoße mit Currygeschmack ertränkte Bratwurst essen. Currywurst isst der Berliner selbst jedoch nur vom Stand seines individuellen Geschmacks und Vertrauens. Ebenso wie Döner. Das mittlerweile des Deutschen liebstes Imbissgericht gibt es in der Hauptstadt bereits ab 1,50 Euro aufwärts zu kaufen (Schweiz: zwischen 8 und 12 Franken), sollte aber erst recht nur in der Dönerbude des Vertrauens gegessen werden (Stichwort «Gammelfleisch»).

Was die Ernährung generell angeht, ist Berlin wahrscheinlich weltweit die einzige Stadt, wo es billiger ist, sich auf der Straße zu ernähren, als selbst zu kochen. Die fünf Grundnahrungsmittel des Berliners (Currywurst, Buletten, Kartoffelsalat, Pommes, Bier) reichen dazu völlig aus. Wobei die Berliner Weiße mit Waldmeister- oder Himbeerschuss außer dem Berliner bestenfalls den japanischen Touristen in Euphorie versetzen kann, von jedem anderen Bier trinkenden Deutschen aber als eine regelrechte körperliche Qual empfunden wird.

Sprachliche Erkennungsmerkmale

Der Berliner hat im Laufe der Jahrhunderte auch eine eigene Sprache entwickelt. Markant daran ist die konsequente Verwendung des «J» anstatt eines «Gs», die Verweigerung des Genitivs und das zum «Icke» mutierte «Ich». Hier ein berühmtes Beispiel Berliner Zungenfertigkeit:

«Jänsebraten is een jutet Essn, ick hab zwa noch nie een jejessn, aber ick kenn een, der hat ma nebn eener jesessen, die een jesehn hat, der ne janze jans jejessen hat.»

Zum Einlesen oder Reinhören
– Ich bin kein Berliner: Ein Reiseführer für faule Touristen
Taschenbuch: 260 Seiten, Goldmann, März 2007,
ISBN: 978-3442542406

Die Schweiz

Objektiv betrachtet ist die Schweiz längst zu einer Bandstadt zwischen Bodensee und Genfersee geworden, unterbrochen einzig von ein paar militärischen Übungsplätzen, die bedrohten Tierarten als letztes Refugium dienen. So verschieden die Dialekte auch sind: Schweizerinnen und Schweizer definieren sich stark über ihre Sprache. Und dies, obwohl es «Schwiizertütsch» im eigentlichen Sinne überhaupt nicht gibt, trotz gemeinsamen Ursprungs eines alemannischen Dialektes.

So verraten sich St. Galler und Thurgauer sofort über ihre spitzen A-Laute, die für die Ohren der übrigen Eingeborenen eher schrill klingen. Die Zürcher wiederum sind an ihren ausgeprägten Krachlauten zu erkennen, Berner an ihrem breiten iu (getrennt gesprochen i-u) und o-u. Wobei «iu» und «ou» bereits eigene Wörter sind: Das eine steht für ja, das andere für auch. Und wenn ein Berner Sie mit «Ihr» anspricht, so schauen Sie nicht um sich, wer sonst noch alles gemeint sein könnte: Es handelt sich bloß um die Höflichkeitsform des Berndeutschen. Den Luzerner erkennen Sie daran, dass er alles und jedes «rüdig» findet (mit lang betontem ü). «Rüdig» heißt zwar nichts anderes als reudig und kommt andernorts vor allem für liebeskranke Hunde zur Anwendung. Doch bei den Luzernern – egal ob alt oder jung – ist «rüdig» einfach ein Ersatz für «sehr» und eignet sich in allen Lebenslagen – ähnlich wie in deutschen Landen das Wort «super».

Sprachschätze aus dem Idiotikon

Am besten Sie versuchen den eidgenössischen Sprachtest gar nicht erst. Das berühmt-berüchtigte «Chuchichäschtli» wird kaum ein Teutone je fehlerfrei hinschmettern können. Aber machen Sie sich nichts draus – welcher vernünftige Mensch braucht schon das Wort Küchenkästchen (gemeint ist ein kleiner Küchenschrank) – sei es nun in der Hochsprache oder im Dialekt.

Wahre Freunde der Schweizer Umgangssprache geben sich durch vertiefte Kenntnis des «Idiotikons» zu erkennen, dem Standardlexikon der Schweizer Mundarten, dessen Name keinesfalls irgendetwas mit Idiot zu tun hat, sondern sich vom griechischen Wort «Ido», «Eigenes» ableitet und übersetzt «Ausdruck», «Begriff», «Mundart» meint und ganz allgemein eine Bezeichnung für ein Regionalismenwörterbuch ist. Das schweizerische Idiotikon wurde 1806 und 1812 vom Pfarrer Franz Stalder als Versuch veröffentlicht. Die Drucklegung seines fertigen Manuskripts von 1832 hat er persönlich dann nicht mehr miterlebt. Er vermachte das Manuskript der Luzerner Bibliothek, und 1994 hat es Niklaus Bigler ediert. Auf der Grundlage von Stalders Manuskript hat der Verein für das Schweizerdeutsche Wörterbuch 1862 mit dem Wörterbuch der schweizerdeutschen Sprache (auch Schweizerisches Idiotikon oder Schweizerdeutsches Wörterbuch genannt) begonnen. Inzwischen umfasst das Werk 15 Bände mit über 130 000 Stichwörtern, womit es das umfangreichste Regionalwörterbuch im deutschen Sprachraum ist. Das gesamte Werk soll schließlich 17 Bände umfassen und wird gemäß aktueller Planung im Jahre 2020 fertiggestellt sein.

Dank des Idiotikons erfährt man nun, dass Murmeln in Zürich «Chlüre» heißen, wogegen sie in Bern «Märmeli» genannt werden. «Gröibschi» nennen die Berner ein Apfelkerngehäuse, das in Zürich «Bütschgi» heißt. Ein «Chemp» ist in Berner Landen ein großer Stein. «Anke» ist in weiten Gebieten der Deutschschweiz kein Mädchenname, sondern das Wort für Butter. Weinen heißt «briägge». «Goofen» gab es in der Schweiz schon lange vor Walt Disneys Goofy: Es sind umgangssprachlich einfach die Kinder. Und wenn einem ein – vorzugsweise deutscher – Dummkopf auf die Nerven fällt, so ist das schlicht ein «Löli».

Hochdeutsch und Frühenglisch
Stundenlang können sich vor allem ältere Schweizerinnen und Schweizer über diese dialektalen Unterschiede unterhalten und dabei den Sprachverlust beklagen, den die Mundart angeblich oder tatsächlich erfährt. Kaum etwas erregt die Volksseele denn auch so wie die Frage, ob im Kindergarten schon Standard- oder noch Muttersprache gesprochen werden soll und ob Frühenglisch angesichts der globalisierten Welt eine Selbstverständlichkeit oder der Untergang der helvetischen Kultur und Eigenart ist. Dabei geht leicht vergessen, dass die Muttersprache vieler Kindergartenkinder Albanisch, Kroatisch, Tamilisch, Türkisch und Serbisch ist, und dass das Schweizerdeutsche vielerorts kaum mehr häufiger anzutreffen ist als das Hochdeutsche.

Dies dürfte auch ein Grund dafür sein, dass sich die schweizerdeutsch sprechende, jüngere Generation doch irgendwie zur Wehr setzt. Es setzt sich mehr und mehr eine selbstbewusste Haltung durch, die den Deutschen im eigenen Lande nicht mehr fragt, ob er Schwiizertütsch versteht, sondern (wie die Bayern und Schwaben) davon ausgeht, dass dem so ist. Und das ist gut so. Wenn man als Deutscher hier lebt, sollte man die Sprache der Einheimischen verstehen.

Zum Einlesen
– Kurt Meyer, Schweizer Wörterbuch, So sagen wir in der Schweiz, Huber Verlag, ISBN: 978-3-7193-1382-1

Die Zürcher
Die Zürcher gelten weit herum als arrogant und ignorant – quasi als die Deutschen unter den Schweizern. Was die Zürcher selbst wiederum überhaupt nicht verstehen können. Sie

sehen sich als liberal und tolerant. Sie würden niemanden daran hindern, ebenfalls reich zu werden, das ist ja nun absolut nicht ihr Problem. Nur erarbeiten müssen sich das die andern schon allein, denn schließlich hat man sich in Zürich auch seit jeher abrackern müssen, um sich heute das alles leisten zu können.

Wer hierher kommen will, soll «chrampfen» (= hart arbeiten), auf dass er es zu etwas bringe. Wer das nicht will, soll wieder gehen. So käme es einem Zürcher denn auch nie in den Sinn, einen Zugezogenen zu fragen, ob er sich hier wohl fühle. Davon geht er selbstverständlich aus. Und wem es nicht passt, der kann ja wieder gehen. «It´s a free world, oder!?», wie der Zürcher neudeutsch sagen würde. Keinesfalls das «oder» vergessen. Es gehört an den Schluss eines jeden Satzes und wird leicht interrogativ-exklamativ betont. Eigentlich war dieses «oder» ja das Merkmal der Unterschicht aus dem «Kreis Chaib», dem Zürcher Stadtkreis 4, wo einst die Arbeiter lebten. Die sind zwar längst an den Stadtrand, nach Schwamendingen, Seebach und Neuaffoltern, vertrieben worden, weil sie die Preise im mittlerweile zum Trendviertel mutierten Rotlichtbezirk («Chaib» steht für grober Kerl, Kleinkrimineller, Zuhälter) mit all seinen Boutiquen, Galerien und Bars längst nicht mehr bezahlen können. Das leicht vulgäre «oder» hat sich jedoch erhalten. Schließlich sind die Zürcher in ihrer Selbstwahrnehmung ja eben gerade nicht hochnäsig oder gar arrogant (siehe oben).

Zürcher lieben es, über Geld zu reden, außer natürlich über das eigene. Das wäre dann wirklich unschicklich. Schließlich sieht man schon am Maserati und am Aston Martin vor der Villa mit Seesicht, dass man auch die jüngste Börsenbaisse unbeschadet überstanden hat – auch wenn die Fahrzeuge nur geleast sind. Auch Deutsche sind selbstverständlich herzlich eingeladen mitzudiskutieren. Schließlich ist man in Zürich tolerant (siehe nochmals oben, man kann es nicht genug betonen). Und jeder Zürcher hat mittlerweile links und rechts einen Arbeitskollegen aus Deutschland – und nur allzu oft leider auch seinen Chef.

Sex and the City
Beim beliebten «Money Talk» gilt es aber feinste Nuancen zu beachten. Das Bankgeheimnis heißt vor allem unter den Tausenden von Jungbankern inzwischen Bankkundengeheimnis. Ein Prolet, wenn nicht gar ein Kommunist ist, wer den Unterschied nicht sofort erkennt. Und den fundamentalen Unterschied zwischen Steuerbetrug (kriminell) und Steuerhinterziehung (Recht auf Notwehr, schlimmstenfalls ein Kavaliersdelikt) kann niemand so gut erläutern wie einer der unzähligen Anwälte in dunklem Flanell, die in der Limmatstadt ihrem Business nachgehen. Nur der deutsche Fiskus in seiner unendlichen Ignoranz scheint das nicht begreifen zu wollen. Dass der deutsche Finanzminister Peer Steinbrück der Schweiz mit der Peitsche drohte, falls sie im Steuerstreit nicht einlenke, hat vor allem in der Bankenstadt Zürich zu monatelanger Empörung geführt – und das schon fast vergessene Bild des hässlichen Deutschen zu neuem Leben erweckt. Mittlerweile ist die Peitsche in deutscher Hand zum geflügelten Wort geworden: Deutsche Chefs, die eine Entlassung vornehmen, einen Auftrag entziehen oder sonst etwas Unangenehmes zu verkünden haben, müssen sich von Schweizern schon mal anhören, sie seien ja ganz zufrieden, solange man ihnen nur nicht mit der Peitsche drohe …

Ist das Thema Geld einmal erschöpft – aber das kann lange dauern –, so gibt es eigentlich nur noch ein Thema, das die Zürcher interessiert: Sex. Schließlich ist man weltoffen. Oder meint wenigstens, es zu sein, käme einem nicht immer wieder diese zwinglianische Moral dazwischen, auch ein halbes Jahrtausend danach. Aber lassen Sie sich nicht täuschen:

Nicht alles, was vordergründig nach Sex klingt, ist auch so gemeint: «Stoßen», das auf jeder Warenhaustüre steht, hat nichts damit zu tun, woran Sie denken, sondern ist einfach der helvetische Begriff für «drücken». Wenn die Schweizer «ein Puff veranstalten», so hat das nichts mit Swingerclubs und leicht geschürzten Damen zu tun, sondern bedeutet nur «ein Durcheinander verursachen». «Huere vil» klingt zwar nach «hure-viel», heißt aber nur «sehr viel». Dass es auch in den meisten Schweizer Ohren ziemlich vulgär klingt, stört die Zürcher nicht, sondern sie empfinden es als Ausdruck ihrer Bodenständigkeit. Offenbar zu Recht. Der Ausdruck hat sich vor allem unter den jungen Schweizern als Zürcher Exportschlager erwiesen. Und wenn Ihnen ein Schweizer einen «Schmutz» aufdrücken will, so ist das nicht mit schmutzigen Fantasien oder sonstigem Dreck zu verwechseln, sondern entspricht lediglich einem harmlosen Küsschen zur Begrüßung oder zum Abschied. Die Zürcher lieben es, mit Vorzug gleich drei- oder viermal (links beginnend auf die rechte Wange, sonst gibt es – eben – ein Puff!).

Sprachliche Erkennungsmerkmale
Das Züri-Dütsch lässt sich für die zugereisten Teutonen eigentlich sehr schnell erschließen – sofern man sich erst einmal auf die neuen Laute eingelassen hat. Markanteste Eigenschaft des Züri-Dütsch ist wohl das «üe», was einem schon beim Überschreiten der Kantonsgrenze von großen Plakaten mit «Grüezi in Zürich» entgegenspringt. Für alle nicht in der Schweiz aufgewachsenen und nicht mit überdurchschnittlichem Sprachtalent gesegneten Menschen ist es fast eine Unmöglichkeit, das «üe» korrekt auszusprechen. Denn die Laute müssen unbedingt getrennt ausgesprochen werden (ü-e), so dass es Müesli (Müsli) heißt und nicht etwa Müüsli (Mäuslein). Das Gleiche gilt für die Buchstabenfolge «ie», die auch getrennt voneinander artikuliert werden muss, da sonst die

Liebe zum «Liib» (Leib) wird. Dies zeigt die nächste Besonderheit: Die Längen in einem Wort werden grundsätzlich durch die Verdoppelung des Buchstabens gemacht, wie beispielsweise «schnuufe» (atmen). Das berühmte «ch» wird immer hart ausgesprochen, wie beispielsweise in dem Wort «Achtung». Das «s» vor einem «t» oder einem «p» wird immer zu einem «sch» kombiniert, so dass am Ende zum Beispiel zum «Biischpiil» wird. Und last but not least wird das «y» im Schweizerdeutschen ausgesprochen wie ein ganz normales «i».

Zum Einlesen oder Reinhören
– Wer sich einmal anhören will, wie es tönt, wenn eine echte «Zürischnurre» (= Zürcher Großmaul) loslegt, sollte sich Viktor Giacobbo in seinen Paraderollen als Zuhälter und Autonarr Harry Hasler oder als drogensüchtiger Junkie namens Fredi Hinz zu Gemüte führen.
– Viktors Universum I + II (als DVD) oder jeweils Sonntagabend ab ca. 22.00 Uhr auf dem ersten Kanal des Schweizer Fernsehens SF 1 in «Late Service public» (mit Mike Müller – siehe Kapitel S. 170ff., Die Aargauer).

Die Berner

Ganz anders als der ignorante Zürcher ist der Berner. Ein regimentsfähiger Berner, also einer aus einer alten Familie mit einem Stammbaum, der zurück bis zu den Kriegen gegen die Burgunder reicht, wird einen Zugezogenen auch nach 20 Jahren noch fragen, ob er sich gut eingelebt habe. Den Anschluss an die bessere Berner Gesellschaft, die wenigen reichen und vielen verarmten Burger, wird man frühestens nach 200 Jahren finden.

Es sei denn, man ist Zürcher, einer dieser Neureichen oder «Parvenus», wie das in den frankophilen Berner Adelskreisen heißt. Dann würden auch 1000 Jahre nicht reichen.

Da sitzen die Missachtung und auch die Missgunst viel zu tief. Das bleibt nicht ohne Folgen: Investitionen zu Gunsten von Zürich sind aus Berner Sicht undenkbar, wenn nicht ebenso viel oder besser noch mehr zu Gunsten des viel kleineren Bern abfällt, schließlich ist man ja das politische Zentrum, die Hauptstadt bzw. die «Bundesstadt», wie es in der Schweiz heißt – das Bonn an der Aare sozusagen. Von Berlin wagt man nicht einmal zu träumen. Die Vision bleibt rückwärts gerichtet. Im Zweifelsfall würde der Berner lieber auf etwas verzichten, solange er damit nur verhindern kann, dass die Zürcher dasselbe oder gar mehr erhalten – egal ob es sich um eine Flughafenerweiterung, einen neuen Autobahnanschluss oder auch nur eine zusätzliche Bahnverbindung handelt.

Denn sich selbst anzustrengen haben die Berner längst verlernt – falls sie es je konnten. Der Weg vom landwirtschaftlich geprägten Junker- direkt zum Beamtenstaat war kurz. Eine industrielle Revolution fand nie statt. Die bäurisch-aristokratische Behäbigkeit hat der verbeamteten Langsamkeit nahtlos Platz gemacht. Wer als Auswärtiger unter den romantischen «Lauben», den Arkaden entlang den Hauptgassen Berns, spaziert, verzweifelt, weil die bummelnden Menschenmassen einfach kein Fortkommen erlauben. Er wird sich in Geduld üben oder auf die Straße ausweichen müssen. «Nume nid gschprängt», schallt es dem vorwärts Drängenden entgegen, was frei übersetzt etwa «nur keine unnötige Eile» heißt – und die «bhäbigi» (gemütlichlangsame) Berner Volksseele bestens umschreibt. Der Stolz gilt hier den putzigen Häusern, den Geranien, den gepflasterten Straßen, den stattlichen Gutsbetrieben und Landschlössern (Berndeutsch: «hablichen Campagnen») – allem, was frühere Generationen schon vor Jahrhunderten erarbeitet und vor allem erobert haben. Seither herrscht Funkstille.

Wenigstens an der ökonomischen Oberfläche. Darunter brodelt es manchmal ganz beachtlich. So ist Schweizer Mundart-Rock seit Jahrzehnten faktisch ein Monopol der Berner Musikindustrie. Und auch die Kellertheater-Szene floriert nirgends so gut wie in Bern. Die Rockbands Züri West (der Band-Name ironisiert die Lage der Hauptstadt als westlichen Ableger Zürichs), Altrocker Polo Hofer und Patent Ochsner (stand früher auf jedem Müllabfuhr-Kübel) sowie der Proletensänger Gölä räumen ab.

Sprachliche Erkennungsmerkmale
Was die Besonderheiten des Berner Dialektes angeht, spielt auch hier die Zeit eine Rolle, von der ein Berner mehr zur Verfügung hat als beispielsweise ein Zürcher. Soll heißen: Das Berndeutsche fällt zunächst durch eine übermäßige Dehnung der Laute auf. Eine zweite gewöhnungsbedürftige Berner Eigenart ist es, das «i» zu einem «u» zu machen, was dann zu Wörtern wie «viu» (viel) oder «aui» (alle) führt, die kaum ein Norddeutscher je korrekt auszusprechen vermag. Des Weiteren wird aus einem Zürcher «aa» ein Berner «ei» und aus einem «au» wird ganz schnell ein «ou». Und insgesamt ist das Berndeutsch mit ganz vielen Wörtern gespickt, die sonst auf der ganzen weiten Welt niemand kennt. Aber anders als in Zürich klärt Sie jeder Berner immer gerne und ausführlich über die Bedeutung der unbekannten Wörter auf und erklärt, woher sie stammen …

Zum Einlesen oder Reinhören
– Gölä, Z Läbä fägt, EAN: 5099926446929
    Uf u dervo, EAN: 7619954384604
– Züri West, Bümpliz–Casablanca, EAN: 7619954275865
    Haubi Songs, EAN: 7619954441468
– Patent Ochsner, Schlachtplatte, EAN: 7611698042925
    Trybguet, EAN: 0743219480729

– Polo Hofer & die Schmetterband, Silber, Gold & Perle,
EAN: 7619954439878

Die Basler

Die Basler (Selbstbezeichnung «Beppi») schauen dem Trei-
ben im Mittelland amüsiert und auch leicht blasiert zu: Hier
hat man die Kultur und die Wissenschaften gepachtet: das
Picasso-Museum, Jean Tinguely, Erasmus von Rotterdam,
Hoffmann-La Roche, Novartis – das sind Themen, über die
man in Basel Bescheid wissen muss. Und über kulinarische
Genüsse – schließlich fühlt man sich hier am Rheinknie mindestens ebenso als Franzose wie als Schweizer. Wenn der
«Daig», die alteingesessene Basler Gesellschaft, sich trifft –
und das tut sie oft, egal ob im Theater, an der Kunstmesse Art
Basel, im Zoo («Zolli») oder im Fußballstadion («Joggeli»
bitte – nicht etwa St. Jakobs Stadion, wie es offiziell heißt),
so wird der gehobene Small-Talk gepflegt. Über Geld zu sprechen wäre verpönt. Das hat man. Und zwar schon lange.

Hier leben die Familien Sarasin, Hoffmann, Stehelin,
Oeri, Burckhardt (bitte mit «dt» am Schluss) und Vischer
(das V macht den Unterschied!). Sie wurden mit Bankge-
schäften, Handel und vor allem mit der Chemie reich. Diese
entließ die giftigen Rückstände aus der Produktion von Farben und Lacken während Jahrhunderten in den Vater Rhein.
Die Anlieger weiter unten von Kehl bis Rotterdam leiden
noch heute darunter. Doch die Basler beschenkten die Welt
nicht nur mit Giften, sondern auch mit Spitzenwerken der
Kunst und Kultur. Die Universität von Basel ist eine der äl-
testen und renommiertesten Europas. Der lange verkannte
Künstler und Eisenplastiker Jean Tinguely hätte wohl nirgends sonst so viele Mäzene gefunden. Und die millionen-
schwere Maya Stehelin, Erbin des Pharmakonzerns Hoffmann-La Roche, leistete sich den berühmten Dirigenten und
Komponisten Paul Sacher gleich als Ehemann.

Die Basler sind die wahren Europäer unter den Schweizern. Wann immer eine europabezogene Abstimmung ansteht – und das ist mindestens zweimal im Jahr der Fall –, auf ihr Ja ist Verlass. Zum Essen fahren sie ins Elsass, zum Flanieren in den Schwarzwald. Nur zur Fasnachtszeit (in der Schweiz mit einem «s», nicht mit «st») würde sie nichts, aber auch gar nichts woanders hin vertreiben können. Dann spinnt die Stadt 72 Stunden lang, vom Montag nach Aschermittwoch, 4.00 Uhr früh («Morgestraich»), bis zum darauf folgenden Donnerstag zur selben Zeit. Und damit auch niemand das wichtigste Datum im Leben der Stadt verpasst, gibt es unter http://fasnacht.ch sogar einen Online-Rechner, mit dem sich auf Jahrhunderte hinaus das exakte Datum für den «Morgestraich» ermitteln lässt. Das höchste aller Basler Gefühle sind die «Schnitzelbängg», mehr oder weniger originelle Gedichte auf allerlei wichtige und unwichtige Dinge, die im Laufe des Jahres passiert sind. Mit sogenannten Larven Maskierte tragen sie als Singsang in ihrem «Baseldytsch» zu immer gleichen, einfachen Melodien vor. Sehr zur Freude des lokalen Publikums. Wenn Sie als Deutscher nicht mitlachen können, so dürfen Sie sich nichts daraus machen. Auch allen andern Schweizern bleibt nur staunendes Unverständnis.

Sprachliche Erkennungsmerkmale

Das Baseldytsch hat im Übrigen auch so seine Besonderheiten. Denn im Dreiländereck wird ein niederalemannischer Dialekt – eng verwandt mit dem elsässischen – gesprochen, der wenig mit dem Züridütsch oder dem Berner Dialekt zu tun hat. In Basel wird aus dem Zürcher «aa» ein «oo», und das kurze «ü» wird zu einem «ii» und das lange «ü» zu einem «ie». Und meistens, aber nicht immer, werden die Laute «ch», «p» und «t» weich ausgesprochen und klingen dann wie «g», «b» und «d» (Daig [Teig] oder glai klein).

Zum Einlesen oder Reinhören
- Schweizer Fernsehen (Zusammenschnitt), DVD, Basler Fasnacht 2008 – Mir spiile us, EAN: 7611719445087
- Ruth Canova, Jo, das isch e Schnitzelbangg!, Verlag Spalentor, ISBN: 978-3-908142-21-8

Die Aargauer

Auf die ehemaligen Untertanengebiete im Aargau schaut man mit einer schier unglaublichen Hochnäsigkeit herunter – das dürfte wohl das Einzige sein, was die Berner mit den Zürchern verbindet. Der Aargau gilt als Niemandsland, 100 Kilometer, die den Weg zwischen den beiden bedeutendsten Städten der Deutschschweiz unnötigerweise verlängern, ein reines Hinder- und Ärgernis. Dort leben die Hinterwäldler, die noch weiße Socken trugen, als die Zürcher längst ohne Strümpfe in ihre 1000 Franken teuren Todds oder Manolos geschlüpft waren. Sie fallen am Donnerstagabend in die Zürcher In-Bars und Clubs ein. Die Zürcher wiederum meiden den «Aargauer-Abend» und verstecken sich zu Hause oder in jenen Trendbars, welche die Aargauer noch nicht entdeckt haben.

Die Aargauer haben sich ihrem Schicksal ergeben, ertragen still die Demütigungen, schlucken den Spott und tragen zudem all jene Lasten, die ihren Miteidgenossen zu unangenehm sind. So stehen allein drei der fünf Schweizer Atomkraftwerke auf ihrem Territorium. Dagegen aufgemuckt haben sie nie. Demonstrieren ist nicht ihre Sache, das überlassen sie den andern. Hier wird rechts politisiert. Hier ist Volkstribun Christoph Blocher mit seiner SVP gut verankert. Hier gilt die Armee noch als unantastbar. Und hier ist man stolz auf jeden rauchenden Schlot, auch wenn die Eigentümer des Schlotes ihre Konzernzentrale längst in Zürich errichtet haben.

In der Mitte liegt das Niemandsland

Aber nicht nur die Aargauer leben in einer Art Niemandsland. Ihr Schicksal teilen sie mit andern Kantonen und Regionen im Schweizer Mittelland, dem flachen, dicht besiedelten Streifen zwischen Jura und Alpen, mit Schaffhausen, Zug, Basel-Landschaft, Freiburg, großen Teilen Luzerns und Solothurns: Insbesondere der zerstückelte Kanton Solothurn existiert im Bewusstsein der übrigen Schweizer kaum. Nur die Stadt Olten ist von überregionaler Bedeutung und auch größer als der Kantonshauptort Solothurn (übrigens ein hübsches Barockstädtchen), obwohl Olten bloß 18000 Einwohner zählt. Die Region um Olten herum ist Schnittpunkt der großen Autobahnen von West nach Ost und von Nord nach Süd und ebenso der größte Eisenbahnknotenpunkt der Schweiz. So sieht Olten jeden Tag Hunderttausende von Reisenden – und keiner will anhalten. Das muss auf Dauer wehtun.

Olten ist auch der sprachliche Schmelztiegel der Schweiz. Nur die Oltemer selbst halten daran fest, dass sie eine eigene Sprache hätten. Für alle andern Deutschschweizer ist klar, der Slang des legendären Bahnhofbüffets Olten ist ein Mischmasch aus allen Dialekten, neutral, undefinierbar, ideal für das Schweizer Staatsfernsehen, das niemandem wehtun, niemandem zu nahe treten und schon gar kein eigenes Profil entwickeln will.

Was Olten sprachlich bedeutet, stellt das Städtchen Langenthal ökonomisch dar: Es ist absoluter Durchschnitt. Noch nicht einmal seine geografische Situierung ist eindeutig geklärt: So gehört Langenthal politisch zum Kanton Bern, die dortige Region heißt aber «Oberaargau» – und niemand würde sich wundern oder gar ärgern, wenn Langenthal auch wirklich zum Kanton Aargau gehören würde. Und wie ihr Städtchen, so sind auch die Langenthaler: unaufgeregter Durchschnitt. Das gefällt vor allem den Marktforschern, die

Langenthal sehr gerne als Testmarkt für ihre Produkte nutzen oder frühzeitig politische Tendenzen erkennen wollen. Schmeckt der neue Schokoriegel den Langenthalern, so werden ihn wohl auch alle andern Schweizer kaufen. Und bewegen sich die Langenthaler auf der politischen Skala ein Prozentchen nach rechts oder links (ein Hundertstel mehr käme in der Schweiz einem politischen Erdrutsch gleich), so werden es ihnen die übrigen Schweizer wohl nachmachen.

Hinzu gesellt sich das Luzerner Hinterland: konservativ, katholisch und sehr bäurisch. Nirgendwo sonst in der Schweiz finden sich mehr Schweineställe als im grünen Rhomboid zwischen Zürich, Basel, Bern und Luzern. Ist damit alles gesagt über diese «Provinzler» und «Hinterwäldler»? Keineswegs: Die Kantone Schaffhausen und Aargau schwingen bei den international genormten Pisa-Vergleichsprüfungen klar oben aus. Zusammen mit den Ostschweizern schneiden die Kinder in diesen Kantonen national am besten ab. Die Zürcher Kids dümpeln als Letzte der Deutschschweiz im hinteren Mittelfeld.

Zum Einlesen oder Reinhören
– Mike Müller, häufiger Partner des Komikers und Kabarettisten Viktor Giaccobo, ist der fleischgewordene Durchschnittsschweizer: Er ist in Olten bzw. dem Solothurner Vorort Zuchwil («Zuchu», wie sie dort sagen) aufgewachsen, spricht breit und langsam, wirkt mit seiner Körperfülle gemütlich und sympathisch – und überrascht mit seinem pfiffigen Mutterwitz.
– Mike Müller (zusammen mit Viktor Giacobbo und Patrick Frey), Sickmen, Ein Konversationsstück für drei Männer Jewelbox, ISBN: 3-0369-1217-7

Die Ostschweizer

Die Einwohner des Fürstentums Liechtenstein wollten sich während des Zweiten Weltkriegs der Eidgenossenschaft anschließen. Umfragen zeigen regelmäßig, dass sich auch eine Mehrheit der Vorarlberger von Österreich lösen und lieber als 27. Kanton der Schweiz angehören möchten. Was macht die Schweiz am Ostrand ihres Territoriums so attraktiv, dass ihre unmittelbaren Nachbarn jenseits der Grenze einen Wechsel zumindest zeitweise für erstrebenswert erachten? Das Geld allein kann es nicht sein. Die Liechtensteiner sind im Durchschnitt merklich reicher als ihre St. Galler Nachbarn westlich des Rheins. Und das Wort «Steuern» kennen sie vor allem in Kombination mit dem Wort «Flüchtling». Die Sicherheit? Niemand bedroht heute die Souveränität Österreichs oder des «Ländles».

Hier sei die These gewagt, dass es vor allem diese unglaubliche Biederkeit der Appenzeller, Glarner und vor allem der Thurgauer und St. Galler ist, welche das Zusammengehen mit ihnen so anziehend macht. Die Ostschweizer sind sparsam und bescheiden bis zum Abwinken, dabei aber stets freundlich, immer gut gelaunt – und somit insgesamt eher langweilig. Eigentlich genau so wie ihre Nachbarn nördlich und östlich des Rheins, die Schwaben und die Vorarlberger. Und gerade deswegen sind sie auch so sympathisch. Da läuft nie etwas. Aber schon beim kleinsten Dorffest kommt mehr Spaß und Stimmung auf als beim Zürcher und beim Wiener Opernball zusammen. Ein Volk der Glückseligen: Der Bodensee scheint ihnen so groß, dass sie ihn liebevoll «Schwäbisches Meer» nennen. Und der Säntis bedeutet ihnen mehr, als Matterhorn oder Mount Everest es je könnten – trotz seinen eher bescheidenen 2505 Metern Höhe.

Im Osten finden sich brave Menschen, die man einfach gern haben muss. Wäre da nicht ihre Sprache. Diese hellen bis grellen A-Laute, diese spitze Artikulation macht jede

Konversation für die Ohren der Restschweiz zur Tortur. Nicht aber für alle Nachbarn rund um die Schweiz herum. Erstaunlich genug: Ostschweizer sprechen besser Hochdeutsch und akzentfreier Französisch oder Italienisch als alle andern Deutschschweizer mit vergleichbarer Ausbildung. Denn genau diese hellen Laute finden sich auch in der klassischen Diktion von Goethe, Voltaire und Dante.

Zum Einlesen oder Reinhören
- Walter Koller, Dreihundert Appenzellerwitze, Verlag Engeli & Partner, ISBN: 978-3-85819-007-9
- Stefan Sonderegger, Appenzeller Sprachbuch, Appenzeller Verlag, ISBN: 978-3-85882-310-6

Die Bündner

Die Schweiz ist bekanntlich viersprachig. Nebst Deutsch, Französisch und Italienisch wird in ein paar Bündner Tälern auch noch Rätoromanisch gesprochen. Und obwohl nicht einmal mehr 50 000 Menschen dieser vierten Landessprache mächtig sind, wird sie mit Millionensubventionen gehegt und gepflegt. Denn auf nichts sind die Schweizer so stolz wie auf ihren vorbildlichen Umgang mit volkseigenen Minderheiten. Die cleveren Bündner wissen auf der Klaviatur der kleinen, vom Untergang bedrohten Kultur virtuos und mit viel Charme zu spielen. Schließlich begrüßen sie sich und die Unterländer mit einem freudigen «Allegra».

Doch untereinander sind die Rätoromanen so zerstritten, wie es sonst nur große Nationen fertig bringen. Denn die Rätoromanen gibt es genauso wenig wie die Schweizer. Was sich am Schweizer Fernsehen so romantisch anhört, dass selbst das rätoromanische Wort zum Sonntag noch mehr Zuschauer hat, als es überhaupt rätoromanisch Sprechende im Land gibt, ist eine reine Kunstsprache, «Rumantsch Grischun», das erst 2001 und dann auch noch von einem Zürcher Linguisten kreiert wurde. Es handelt sich um eine Art Esperanto, weil sich die Rätoromanen aus den verschiedenen Bündner Regionen untereinander kaum verstehen würden, geschweige denn sich auf eine vorherrschende Schriftsprache einigen könnten. Sie sprechen von Haus aus Sursilvan, Sutsilvan, Surmiran, Puter und Vallader. Hinzu kommen die beiden norditalienisch geprägten Sprachen Ladin und Furlan, die ebenfalls zum Rätoromanischen gehören.

Die Mehrheit spricht aber auch im Bündnerland deutsch – einen breiten, «urchigen» (schweizerisch für urigen) Dialekt, wie er nur zu einem Volk von Berglern passt. Alle Schweizer lieben seinen Klang. Praktisch bei allen Umfragen zu den beliebtesten Dialekten (ja, das gibt es regelmäßig) gewinnt der Bündner, dicht gefolgt vom Berndeutschen. Ganz am Schluss finden sich jeweils die spitzen, für manches Ohr geradezu grellen Ostschweizer Dialekte und das «Züritütsch». Letzteres dürfte allerdings weniger auf die gutturalen Krachlaute dieses Idioms zurückzuführen sein, das ausgeprägt kehlige «a» und «ch», als vielmehr auf die Antipathie, die den Zürchern aus den Reihen ihrer Mitbürger entgegenschlägt.

Mindestens dreimal im Jahr sollte man das Bündnerland allerdings diesen flächenmäßig größten Kanton der Schweiz meiden: Zunächst einmal über Neujahr, dann verwandeln die Russen St. Moritz in eine Art Hofbräuhaus. Nur dass es statt Bier und Weißwurst Champagner und Kaviar gibt. Das zweite Mal ist im Februar; dann machen Prinz Charles und seine hochwohlgeborene Nachkommenschaft und mit ihnen das halbe britische Empire die Pisten von Klosters und Davos unsicher. Vor allem aber ist Graubünden im September zu meiden. Dann bricht im Bündnerland das Jagdfieber aus. Nur Lebensmüde sollten sich in dieser Zeit in die Bündner Wälder oder Berge wagen.

Zum Einlesen oder Reinhören
- Anna A. Dazzi, Manfred Groß, Wörterbuch Rätoromanisch, Rätoromanisch–Deutsch/Deutsch–Rätoromanisch, Langenscheidt, ISBN: 978-3-906725-01-7

Die Walliser

Geografisch bildet das Wallis eine klar definierbare Einheit: ein großes Tal, behütet von einem mächtigen Alpenriegel im Norden hin zur Deutschschweiz und von einer ebenso mächtigen Bergkette nach Süden hin zu Frankreich und Italien. Doch unter dieser scheinbar so einfachen Struktur brodelt ein einzigartiger Mikrokosmos. Das beginnt bereits im kleinsten Bergdorf, das normalerweise von zwei bis drei Familien beherrscht wird, den Clans. Sie sind sich spinnefeind. Und dies schon seit Jahrhunderten. Warum, weiß längst niemand mehr – es ist einfach so. Wer dem einen Clan angehört, wird beim andern nicht einkaufen, und wer ein neues Vordach bauen will, muss mit dem Widerstand des andern rechnen. Zwar sind alle katholisch und konservativ, aber in Nuancen abweichende politische oder religiöse Haltungen werden als fundamentale Differenzen erlebt.

Doch das gilt nur im eigenen Dorf. Bereits gegenüber dem Nachbardorf gibt man sich einig. Und mit dem verfeindeten Nachbardorf zusammen versucht man einen Schritt weiter dann die gesamte Talschaft zu beherrschen. Und mit der Talschaft die Region und mit der Region den Kanton. Das allerdings ist für die deutschsprachigen Walliser im Osten des Kantons ein Ding der Unmöglichkeit, denn hier sind sie bloß eine Minderheit. Hier erleben die Deutschsprachigen, was es für Genfer, Waadtländer, Neuenburger und Jurassier oder auch die Tessiner bedeutet, ständig von einer andern Sprachkultur dominiert zu werden: Sie genießen das Wohlwollen, zu sagen haben sie nichts. Oberwalliser fühlen sich denn auch weniger wie Bürger ihres Kantons – und schon gar nicht als «Üsserschwyzer» – als vielmehr als Angehörige ihrer Talschaft, als Gomser, Saaser oder Matter.

Entsprechend hat jedes kleine Seitental seinen speziellen Dialekt bewahrt, auch wenn dies für die übrigen Deutschschweizer nicht wahrnehmbar ist – geschweige denn für Deutschsprachige außerhalb der Schweiz. Denn das «Wallisertiitsch», eine alte, noch von den Walsern geprägte Sprache, ist mit dem Oltemer Einheitsdialekt oder mit «Züridüütsch» etwa so nah verwandt wie norddeutsches Platt mit Bairisch. So heißt beispielsweise der Schmetterling «Pfiifholtra», der Tannzapfen «Bäji» und der Wasserhahn «Schpiina». Das alles können Sie aber gleich wieder vergessen. Wirklich wissen müssen Sie nur, dass das Matterhorn bei den einheimischen «d's Horu» heißt und jenseits der Grenzen als «Mont Cervin» oder «Monte Cervino» bekannt ist.

Zum Einlesen oder Reinhören
– Die Visperin Sina singt hübschen, für den «Üsserschwyzer» Markt leicht angepassten Pop in Wallisertiitsch
  Sina, Bescht of, EAN: 7612027928828

Die Innerschweizer

Richtig schwierig wird es, wenn Sie ins Innere des Landes vordringen möchten, nach Luzern, Uri, Schwyz und Unterwalden (Ob- und Nidwalden) oder auch ins Appenzell oder ins Wallis, Kantone, die geografisch zwar zur Ost- bzw. Westschweiz gehören, von ihrer Mentalität her aber durchaus im Kern- und Stammland der Eidgenossen angesiedelt sein könnten. Denn hier, im Herzen der Schweiz, braucht man keine «fremden Fötzel» (unerwünschte Ausländer) – und dazu gehören auch schon die Zürcher oder die Basler. Hier ist man grundsätzlich gegen alles, was von außen kommt, egal ob es sich um den Schweizer Zentralstaat, die EU oder auch nur das Frauenstimmrecht handelt. So mussten die «In-

nerrhödler», die Einwohner des Kantons Appenzell Innerrho-
den, 1990 vom obersten Gericht zur Einführung des Frauen-
stimmrechts gezwungen werden. In ihren Augen völlig zu
Unrecht, wo doch die Frauen schon zu Hause die Hosen an-
hätten, wie sie mit typischem Appenzeller Witz vermerken.

Die Schwyzer sind noch heute streng rechtlich kein Teil
der Eidgenossenschaft, haben sie die Einführung der Bun-
desverfassung im Jahr 1848 und die Revisionen 1874 und
1999 doch allesamt verworfen. Die Walliser haben sich das
Recht auf eine eigene Armee anlässlich der Staatengründung
nicht nehmen lassen – die Waffen haben sie glücklicherweise
irgendwann doch beiseite gelegt. Und EU-freundliche Abstimmungen werden in den Schweizer Bergkantonen in aller
Regel den Bach heruntergeschickt. Schließlich beschwört
schon die Gründungsakte der Eidgenossenschaft, der Bun-
desbrief von 1291, dass man «keine fremden Vögte» im Lande
dulden wolle.

Das Ganze entbehrt nicht einer gewissen Ironie – oder
besser wohl Schlitzohrigkeit. Denn gleichzeitig unternehmen
die kleinen Bergkantone alles, um Fremde anzulocken: als
Feriengäste und Chaletbesitzer im Wallis oder in Graubünden oder als Steuerflüchtlinge in Appenzell, Ob- und Nidwalden, Zug und Schwyz. Mit ihrem Geld sind sie hochwill-
kommen, egal ob aus Zürich, München, Hamburg, Moskau
oder Shanghai. Nur reich müssen sie sein und diskret. Aufdringliche Menschen mag man hier nicht. Zumal man ohnehin lieber nur die Millionen ohne deren Besitzer aufnehmen
würde, hätte man die Wahl. Doch so profitieren alle, von
Michael Schumacher bis zu Boris Becker, von Udo Jürgens
bis zu Tina Turner oder von Theo Müller («Alles Müller oder
was!») bis zu «Mr. Ikea» Ingvar Kamprad von der Insel der
Glückseligen. Sie genießen es, «unerkannt» durch die Straßen bummeln zu können. Kein Autogrammjäger stellt sich
ihnen in den Weg, keine kreischenden Girls fallen in Ohn-

macht. Nicht, dass sie tatsächlich unerkannt blieben. Auch Schweizer schauen Fernsehen und lesen Klatschheftchen von Bravo bis Gala (und für die heimische «Cervelat-Prominenz» die «Schweizer Illustrierte»). Aber der Deal läuft ganz einfach: So lange Du dich nicht daneben benimmst, so lange tue ich, als ob ich dich nicht kennen würde.

Emil gilt seit Jahrzehnten als Schenkelklopfer unter den Schweizer Kabarettisten. Aber er ist weit mehr als das. Der Luzerner verkörpert diesen leicht verschrobenen, nach innen gekehrten Menschenschlag in geradezu idealtypischer Weise, vor allem, wenn er die leisen, nachgerade schüchternen Töne anschlägt. Er ist geradezu das Gegenstück des lauten, aufdringlichen Deutschen. Halt so, wie so mancher Schweizer sich nicht nur seine Landsleute, sondern auch seine nördlichen Nachbarn wünschen würde: immer lieb, immer freundlich, immer zurückhaltend. Na ja, nicht alle und nicht immer, aber vielleicht manchmal und wenigstens ein bisschen …

Zum Einlesen oder Reinhören
- Emil Steinberger, Die Schweizermacher (DVD)
  EAN: 7321921931666
- Emil – Suppe, Wurscht und Brot (Hörbuch)
  EAN: 7640107930317

Kapitel 4

Die ultimativen Tipps

Die Do Nots für Deutsche

– Bitte finden Sie kein schweizerdeutsches Wort / keinen Ausdruck / keine Redewendung / keinen Zustand / keine Stadt / keinen Kanton «süß», «niedlich», «putzig» oder «witzig». Damit hätten Sie den Nerv in seiner Zentrale getroffen (siehe auch S. 120ff., «Die Schweizer sind … kleinkariert»).

– Denken Sie nicht, mit einem einzigen «Dankeschön» sei alles erledigt. Besser ist es, auf alles und jedes mit wiederholtem «Merci» oder «Danke» oder «Merci vielmals» zu antworten – lieber dreimal zu viel als einmal zu wenig. Auch im E-Mail-Verkehr gilt: Wenn Ihnen jemand die gewünschte Antwort gemailt hat, schicken Sie bitte stets ein kurzes Dankes-Mail zurück.

– Meinen Sie nicht, Sie sprächen Schweizerdeutsch, indem Sie an alles und jedes ein «li» anhängen. Das kann ganz schnell nach hinten losgehen, denn durch kaum etwas anderes fühlt sich der Eidgenosse so unangenehm berührt als durch Ausdrücke wie «Schweizerli» oder «Fränkli».

– Verwechseln Sie nicht das Hochdeutsche der Schweizer mit ihrem Dialekt und sagen Sie nicht «Ich verstehe Ihren Dialekt sehr gut», wenn sich der Schweizer gerade abmüht, Hochdeutsch mit Ihnen zu reden.

– Halten Sie Ihre eigene Meinung bitte nicht für der Weisheit letzter Schluss. Also sagen Sie: «Ich finde das sehr gut», und nicht «Das ist sehr gut.» Auch wenn Sie hundertmal glauben, tausendfach im Recht zu sein. Es gibt immer (mindestens) zwei Seiten der Medaille.

– Zählen Sie niemals versehentlich die Schweiz zur EU und heißen Sie nie einen Beitritt zur EU gut. Besser ist es allemal, die EU zu kritisieren, was durchaus genügend Stoff hergibt.

– Erklären Sie nicht ständig, wie dies oder jenes in Deutschland funktioniert (und womöglich noch besser funktioniert!). Es interessiert offiziell keinen Schweizer, was in Deutschland wie gemacht wird, schon gar nicht, wenn's da besser gemacht wird.

– Fallen Sie Ihrem Gegenüber nicht, nur in ganz seltenen und objektiv begründbaren Ausnahmefällen (ungerechtfertigte Verhaftung, Abtransport im Krankenwagen, Ausbruch eines Feuers) ins Wort.

– Nehmen Sie Ihrem Gesprächspartner niemals die Worte aus dem Mund. Auch wenn Sie nach den ersten Silben genau wissen, was Ihr Gegenüber ausdrücken will, aber noch um die richtigen Worte ringt, diese noch in die «innere Vernehmlassung» (S. 119) schickt und dabei ins Schwitzen kommt: Halten Sie den Mund und geben Sie dem anderen Zeit, die Antwort selbst zu formulieren.

– Machen Sie sich nicht über die Abstimmungsunterlagen im Telefonbuchformat lustig und stellen Sie niemals das Verfahren der direkten Demokratie, das Konkordanzsystem, die Wahlbeteiligung oder gar das Schweizer Militär in Frage. Am besten ist es, Sie meiden innenpolitische Themen – denn egal was Sie sagen, Sie können bei diesen Themen als Ausländer und vor allem als Deutscher nur verlieren.

– Bringen Sie das Adjektiv «langsam» niemals in Zusammenhang mit der Schweizer Sprechweise, Arbeitsweise, Arbeitsabläufen, Reaktionszeit, Anpassungsprozessen usw. Eine Ausnahme ist gestattet, wenn es sich um Ereignisse handelt, die in Bern stattfinden oder von Bernern getragen werden. Die sind selbst dem Rest der Schweiz zu langsam.

– Versuchen Sie besser nicht, Schweizerdeutsch zu sprechen, es sei denn, Sie beherrschen es vollkommen. Obwohl vielleicht gut gemeint, werden die allermeisten Schweizer Ihr Bemühen missverstehen, nämlich als An-

griff auf ihre (nur in der eigenen Wahrnehmung man-
gelnde) Sprachkompetenz. Der Schweizer Durchschnitts-
mensch wird denken, Sie wollen sich über ihn lustig
machen. Dies dürfte auch der größte Unterschied zu anderen Völkern sein. Während sich der Engländer, Italiener, Spanier und sogar Holländer freut, wenn Sie versuchen, seine Landessprache zu sprechen (wie gut oder
schlecht Ihnen das auch gelingen mag), fühlt sich der
Schweizer veralbert. Aber es ist auch schwer. Selbst wenn
Sie hundertmal überzeugt sind, Ihr Grüezi oder Grües-
sech klinge authentisch, lassen Sie es sich aus langjähriger
Erfahrung versichern: Es klingt in schweizerischen Ohren
wie Grüzzzzi, Grüüäzie oder eine andere schlimme Krank-
heit. Beschränken Sie sich besser auf den Zii-Trick. Einfach die erste verfängliche Silbe des «Grüe» verschlucken
und nur noch den Rest als «zii» betonen. Was dann als
«g'zii» herauskommt (ähnlich wie das tschii bei hatschii)
und Sie eher als mundfaul denn als Deutschen klassifiziert.

– Bleiben Sie ruhig und gelassen: an der Kasse, in Verhand-
lungen, während nie enden wollenden Marathonsitzun-
gen. Es hilft nichts, sondern wird sich im Gegenteil als
äußerst kontraproduktiv erweisen, wenn Sie von einem
Fuß auf den anderen stampfen, demonstrativ auf die
Armbanduhr (hoffentlich ein Schweizer Produkt, siehe
S. 124ff., «Die Schweizer sind … neurotisch») schauen
oder den Blick entnervt gen Himmel schicken. Geduld ist
eben auch eine Tugend, keine deutsche, sondern eine ur-
schweizerische. Aber im Gegensatz zum «Grüezi» durchaus erlernbar.

– Hören Sie auf, über die hohen Preise in der Schweiz zu
jammern. Erstens ist Jammern anders als in Deutschland
kein Volkssport und daher keine Disziplin, mit der Sie in
der Schweiz Sympathie-Punkte einfahren können, zwei-

tens stimmt es seit Einführung des Euro auch gar nicht mehr, und drittens ist die Qualität der Güter hier eine wesentlich andere als der billige Ramsch in Deutschland.

– Heißen Sie das Schweizer Bankgeheimnis in jedem Fall als kulturelle und gesellschaftliche Errungenschaft der Gemeinschaft freier Schweizer Bürger gut und bezeichnen Sie die Schweiz auf gar keinen Fall als Steueroase und fragen Sie im Small Talk auf keinen Fall, wie die Sache mit den nachrichtenlosen Vermögen insbesondere aus der Zeit des Zweiten Weltkriegs denn nun ausgegangen ist.

– Achten Sie auf die Gefühle anderer, üben Sie sich in Rücksichtnahme und lernen Sie, sich prophylaktisch für alles und jedes denkbare Vergehen schon von vornherein zu entschuldigen.

Die Dos für Schweizer

– Sagen Sie es dem Deutschen laut und deutlich, wenn er sich wieder einmal daneben benimmt. Nonverbales signalisieren alleine reicht nicht (siehe auch S. 100ff., «Die Deutschen sind … ignorant»).

– Haben Sie Mitleid mit ihm wegen seiner ungehobelten Umgangsformen. Werden Sie nicht müde, dem Deutschen beizubringen, den Ober nicht lautstark durchs ganze Lokal an Ihren Tisch zu zitieren, den Mund zu halten, wenn ein anderer redet, und mit der durchaus ausreichenden Hälfte an Dezibel nach einem schlechten Witz zu lachen.

– Nehmen Sie ihn einfach nicht zu ernst, vor allem dann nicht, wenn er sich selbst ernster nimmt als alle anderen Erdenbewohner zusammen und seinen Platz im Universum auf höherer Ebene vermutet. Er rechnet nicht damit, dass Sie ihn auslachen.

- Wenn die Deutschen wieder laut werden: Werden Sie lauter. Drehen Sie die Musik auf, holen Sie das Alphorn hervor, machen Sie irgendwie Lärm, der den der Deutschen übertönt. Es wird nicht lange dauern, und sie werden sich bei Ihnen deswegen beschweren. Dann können Sie einen Kuhhandel machen.

- Versuchen Sie, ihn trotz allem gerne zu haben. Denn im Grunde trachtet auch der laute, ungehobelte, unfreundliche Deutsche im Leben nur nach Liebe und Anerkennung. Es führen ja bekanntlich viele Wege nach Rom, er hat den Umweg über den Nordpol gewählt.

- Holen Sie ihn auf den Teppich zurück. Tätscheln Sie ihm die Schulter und flüstern Sie ihm etwas im Stil von: «Komm mal wieder runter! Wir sind da in der Schweiz, und wenn du unbedingt wissen willst, wie weit es bis zum Gipfel ist, dann lass uns am Wochenende mal eine Bergtour machen» zu. Und schleppen Sie ihn dann auf mindestens 3000 Meter Höhe. Diese Demut vor den Bergen, die der Schweizer schon als Kind an jedem Wochenendausflug zu spüren bekommen hat, wird für den durchschnittlichen Deutschen ein komplett neues Gefühlserlebnis sein. Die Chancen stehen gut, dass er danach ein bisschen näher über dem Boden schwebt.

Weitere Titel aus dem Orell Füssli Verlag

Domenico Blass, Andrea Caprez, Reto Frei

Züri-Slängikon

So spricht man in der Hauptstadt

Das Züri-Slängikon hütet den Wortschatz der Zürischnurre – für Zürcherinnen und Zürcher und alle, die es werden wollen. Von der Limmatblüte bis zum Anglizismus, vom Szenenausdruck bis zum Fachbegriff vereint es die Perlen Stadtzürcher Sprachkreativität.

Was als Wortsammlung von Leserinnen und Lesern des Zürcher Monatsmagazines «Bonus» zu Beginn der 90er Jahre seinen Anfang genommen hat, ist heute dank den Beiträgen von zahlreichen Besuchern von www.zuri.net zum Online-Nachschlagewerk mit bald 10 000 Ausdrücken angewachsen.

Für mobile Stadtmenschen, Szene-Touristen und frisch Zugezogene gibt's das Ganze jetzt in kompakter Buchform. Damit man vor Ort versteht, um was es geht, und nicht um die passenden Worte verlegen ist.

126 Seiten, broschiert,
ISBN 978-3-280-05267-9

Die Fantasie der Zürcher kennt keine Grenzen. «Läck, Bobby!» kann man da sagen.   *Tagblatt der Stadt Zürich*

orell füssli Verlag

Carlo Bernasconi / Peter Roth

Kronenhalle Bar

Drinks & Storys

Seit ihrer Gründung 1965 geben sich in der Zürcher Kronenhalle Bar prominente Schauspieler, Sportler, Maler, Sänger, Politiker und Wirtschaftskapitäne die Schwingtüren in die Hand. Das gediegene Zusammenspiel dunkelgrüner Ledersitze mit erlesenen Mahagoni-Hölzern und Bronze sowie eine von Anfang an hochstehende Cocktailkultur haben den Ruf der Bar begründet. In diesem Buch werden die besten Cocktails der Kronenhalle Bar rezeptiert und mit Geschichten versehen – Geschichten von der Entstehung der Drinks und von den illustren Gästen, die sich daran erfreuten. Porträts von Kronenhalle-Bar-Mitarbeitenden und ein ausführliches Register machen das Buch zu einem reichhaltigen Nachschlagewerk.

224 Seiten, Leinen mit Prägedruck und Lesebändchen,
ISBN 978-3-280-05364-5

orell füssli Verlag